おしゃれと人生。

小川奈緒

筑摩書房

デザイン　若山嘉代子 L'espace
写真　安彦幸枝

おしゃれと人生。　もくじ

はじめに

この本は、50代から80代までの女性十人を、おしゃれを通して、考え方や生き方まで取材したルポルタージュです。十人の女性には、服飾デザイナーやモデルといったおしゃれのプロの方も、文筆家や料理研究家、グラフィックデザイナーなど、ファッションを生業とされていない方もいますが、いずれも、こんな大人を目指したいと私が目標にしている女性たちです。そんな個人的な思い入れもあって、本に登場するファッションのテイストが幅広いとはいえないかもしれませんが、それぞれのお仕事で自分のスタイルを確立し、多くの女性の憧れを集めている素敵な大人ばかりです。

私は20代前半から30代にかけて、ファッション編集者として働いていました。主にファッション誌を舞台に、カメラマンやスタイリストやヘアメイクといったクリエイターとチームを組み、若いモデルを起用してファッションヴィジュアルを作る仕事です。つねに流行を取り入れながら、架空のイメージを紙面に繰り広げていく作業はとても刺激的で、ファッションが人を高揚させるパワーをその日々から学びました。

30代に入る頃から少しずつ、流行として通り過ぎていく服の表面だけを華やかに照らして見せることよりも、その服が生まれる背景や、作り手や着る側がどんな思いをそこに込めるのかといったストーリーの方に興味が湧きはじめ、取材をして自分の言葉でていねいに書いてみたいという思いが芽生えてきました。その時点で私の興味は、服そのものではなく、人の方に移りはじめていたのかもしれません。30歳を前にフリーランスの編集者になり、自分の個性やスタンスを明確にする必要性を感じはじめたこともあるし、30代半ばで出産し、子どもを育てながら以前より生活感の濃い毎日を送るようになったことも関係しているかもしれません。私がこの先もずっと追いかけていきたいファッションとは、流行とは別の、「人の生き方がにじんでいるおしゃれ」のことであり、またファッションに限定せずに、暮らしや食など、自分の中で価値を持ちはじめた普遍的なテーマでも、人と人生を見つめて書いてみたい、そうして読む人が前向きな気持ちになれるような本を作りたいと考えるようになりました。

そんな折、あるファッション誌で、企画から取材、執筆まで自分で担当する連載がスタートしました。当初の読者ターゲットは自分と同じ40代。そこで、先輩世代にあたる50代以上の女性に毎号一人ずつインタビューを行い、おしゃれの変遷とともに人生を語ってもらうという内容にしました。回を追うごとに、モデルは若いほどよいとされるファッションの主流の価値観とは違う、経験を重ねて自分を知った大人こそが輝けるおしゃれもあるのだという発見があって、このテーマを書籍という形で、もっとじっくりと深く掘り下げてみたいと思いました。それが実現したのが、この本です。

私自身を含めて40代ごろから多くの女性が抱きはじめる「いま自分は何を着ればいいのか」という迷い。その答えを探す手がかりとなるような光が、十人のストーリーを書きながら、体内をあたたかく照らしてくれている感覚がありました。そんな希望を、この本を手にしてくださった方にも感じていただけたら、そして、十人が語る言葉と姿を通じて、自分自身の生き方やおしゃれを輝かせるヒントを見つけてもらえたら、と願っています。

平松洋子

エッセイスト

似合うものが年ごとに変わっているような気がして
おしゃれにおいては中途半端な年齢だと思う。
でもそろそろ、自分にとっての心地よさや
落ち着きを優先して
いい感じに肩の力を抜いていけたら

ひらまつ・ようこ／1958年、岡山県生まれ。東京女子大学卒業後、アジア各地の食文化や暮らしをテーマに執筆活動に入る。第16回ドゥ・マゴ文学賞を受賞した『買えない味』（筑摩書房）のほか、『おとなの味』『夜中にジャムを煮る』『焼き餃子と名画座』（以上新潮文庫）など著書多数。また講談社エッセイ賞受賞の『野蛮な読書』や小川洋子さんとの共著『洋子さんの本棚』（ともに集英社）、『本の花』（本の雑誌社）など独自の視点から本を紹介する著作が話題に。新聞や雑誌への寄稿も精力的に行う。

取材場所は日本橋茅場町の森岡書店。平松さんは「サカイ」のVネックニットに、「エムフィル」のスリムパンツ、上から「チヴィディーニ」の七分袖コートをさらりと羽織った姿で、店の扉をそっと開けて入ってきた。ブルー×ブラックでトーンを揃えて抑制をきかせた着こなしには、きりっと知的な緊張感と、ほどよいリラックス感が素敵に混ざり合っている。

「今の自分が落ち着く感じ」は襟の開き具合や足もとのバランスにあるみたい

似合うはずだったものが、いつのまにか似合わなくなっている。しかもそういうものが、じわりじわりと増えている気もする。そんなおしゃれの壁を平松洋子さんが感じはじめたのは、40代の終わりごろからだった。それから約十年、今も悩みは続いているという。とくに50代半ばを越えてからは「服を着たときのバランスが刻々と変わる」と感じているそうだ。

「昨年は着ていたのに、今年はちょっと似合わないと思う服があるくらい、変化が早い。以前はそんな頻度ではなかったけれど、今は毎年のようにクロゼットの中身を見直しています。50代後半って、洋服に関してはちょっと中途半端な年齢みたいで、そんな中でも今日の恰好は、ここ三年くらい、着ていて落ち着くバランスなの」

七分袖の単衣のコートに、黒いシンプルなVネックニット、足首が見える丈の細身のパンツに、靴はローカットのサイドゴアシューズ。すっきりとしたショートヘアともあいまって、少年のように軽快な立ち姿を見つめるうちに、平松さんの言う「落ち着くバランス」とは、ニットの襟開きの深さや、ボリューム感のある足もとと関係していることが、なんとなく伝わってきた。

「襟もとって、ちょっとでも開きすぎていると妙な生々しさが出てしまうし、詰まりすぎていても野暮ったたいし、さじ加減がとても微妙で難しい。このニットはちょうどよくて、写真を撮っていただく機会には、すがるようにしてこれを着ているの。なかなか出会えないかもと思って、一応白も買った」

靴は、最近はもっぱらヒールなしのマニッシュなタイプを愛用しているという。以前は曲線の美しいハイヒールも何足か所有していたが、年々出番が減り、気づけばほとんど履いていない状況を見つめ直して、泣く泣く処分した。それは、50代を迎えてこれからの自分らしさの方向性を決める作業でもあったようだ。

「たぶん自分の中で、女性らしさへの義務感みたいなものがずっとあったのだと思う。フェミニンであることって、女性が社会から要求される部分でもあるし、自分としてもハイヒールの方がバランスがいいと思い込んでいた部分もある。実はハイヒールの完結感のある美しさには今も憧れはあって、たとえば映画の中のオードリー・ヘプバーンみたいに、ハイヒールを履くことで完成するおしゃれって素敵だなと思うけれど、だからって自分が同じことを全部できるわけではないのね。それがだんだんわかってきた今、そろそろラクだと感じる方を選びとってもいいのかなと思うようになってきたの」

若いうちは、そもそも自分にとって何がラクなのかがわからなかった。だから憧れがあるならばひと通り経験してみようと思ったし、「今日はがんばってハイヒールで行こう」という場面には履いて出かけて行った。でもやっぱり窮屈で、その日は一日居心地が悪く、早く帰って脱ぎたいとすら思ってしまう。ハイヒールは一つの象徴だが、知らず知らず自分に課していた不自由さを少しずつ手放していって、自由になりたい。なっていいのが50代という年齢かもしれないと、今は考えているそうだ。

「これならおばあちゃんになっても着ていたいと思った」のが購入の決め手だった「ポール ハーデン」のリネンコート。フロントボタンを留めるとワンピースのように着られて、脇のカッティングの美しい曲線が引き立ってくる。コートの袖は、９ページのような七分袖や、長くても手首が見えるまでラフにたくし上げるのが好き。

右上／愛用歴五年以上、でもまだまだ、形も素材もしゃきっとしている「ジュンヤ ワタナベ・コム デ ギャルソン」のオックスフォードシャツ。洗濯が好きな平松さんは、シャツは自宅で手洗いして、着る前に軽くアイロンをかける。下／大きめのボタンがアクセントの「エムフィル」のリブカーディガン。左上／「大きな花柄より、これくらいさりげない小花柄の方が落ち着く」という「ダニエラ グレジス」のリバティプリントのプルオーバーシャツ。

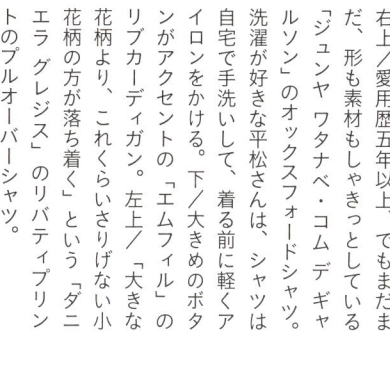

「仕事の相手に失礼にならない服」、その捉え方は、昔と今ではちょっと違う

大学で社会学の面白さに目覚めたことから、平松さんは物書きとして生きていくことを学生時代から決めていた。20代前半より食文化の調査のために韓国やタイなどアジアの国々へ出向くようになるが、当時、旅のスタイルとして心がけていた大切なルールがあったという。それは「相手に対して失礼にならない服を着る」ということ。

「私の旅はたいてい、現地で初対面の誰かに会って、何かをお願いする場面が多いんです。たとえばタイの家庭の台所調査をしたければ、まず市場に立ち、買い物の仕方や食べ物を取る手つきなどでピンときた相手に声をかけます。自分は日本から来て、仕事でこんな調査をしていて、だからお宅の台所にうかがって取材をさせてほしい、と伝える。知り合いのつてを頼るのではなく、初めて会う相手に突然の依頼をするのだから、どんな人に対しても失礼にならない、清潔感のある恰好を心がけていました」

アジアの旅というと、ジーンズやサンダルのイメージだが、平松さんはどちらもはかなかった。土地の空気になじむことと、ラフな恰好をすることとは違う。その姿勢は受け入れられ、取材を断られたことはなかったという。それから三十年がたった現在も、平松さんはあちこちへ旅して、人に会い、土地の食べ物を味わって文章に書くという仕事を続けている。けれど、そのとき着る服についての考え方は、昔とは少し違う

かもしれない、と語る。

「昔は『きちんとしていること』が相手に対する礼儀だと思っていたし、それを優先していた。でも今は『自分が落ち着けること』の方が大切かな。相手や場を考えながら着るものを決めようと思うなら、ハイヒールを手放すことはできなかったと思う。それよりも、リラックスしてその場に臨むことが、結果的には相手にも失礼にならないと考えるようになりました」

とはいえ、今も仕事のときにジーンズを穿くことはないそうだ。平松さんにとってジーンズは「もっと仲良くなりたいけれど、もう一歩、自分のものにしきれていない服」なのだという。

「ジーンズがまるでアイデンティティのようになっている人なら、どんな場に着ていっても素敵だと思うけれど、私の場合はおそらく『くだけた恰好で来てしまいました』という気持ちを心のどこかに抱えちゃって、それが自分の居心地の悪さにつながってしまう。そういう不安があるうちは、やめておいた方がいいと思っている」

私のおしゃれを支えるもの

「着地感のある靴」

16ページのサイドゴアシューズは、「コム デ ギャルソン」と「ドクターマーチン」のダブルネーム。シンプルでスタンダードなデザイン、ちょっとハードな革の質感と履きやすさで、現在の平松さんが望むすべての要素が詰まっている一足。上／手前右は「パラブーツ」のコンビローファー。中央のアンクルブーツと左奥のサンダルは「アーツ&サイエンス」で買った「レ ユッカス」で、このブランドの靴は初めて履く日でもほとんど靴擦れをしないそうだ。下／履き心地最高のイタリアの「グイディ」のショートブーツ。

私のおしゃれを支えるもの

「着地感のある靴」

エッセイの中の平松さんは、いつも歩いているイメージだ。朝の習慣にしているウォーキングに加えて、隣の駅まで歩いてシャンプーを買いに行ったり、夕飯の買い物や、街の本屋さんめぐり……

「机に向かって書く仕事だから、意識して歩かないと。だから靴は足が痛くならずに、どこまでも歩いていけるものを基準に選ぶことになる。それと、私は髪が短くて、全身で見たときに上の方が軽いバランスだから、反対に、足もとの方は安定させたいのね。言葉にすると『着地感』というのかな。それを今は靴に求めているのだと思う」

最近のお気に入りのサイドゴアシューズも、クッション性のあるラバーソールが長時間歩いても疲れにくく、デザイン的にも、やわらかめの服を辛めの方向へと引き戻してくれる、ちょっとパンクっぽい空気が気に入っているそうだ。

「なんとなく今は、フェミニンっぽさにちょっと照れてしまうところがあって。だからそういうムードを靴によって少し薄めたいのかもしれない。マニッシュな靴は、その点でも今の自分に合っている」

イタリアのブランド「グイディ」のブーツは「ソールに羽根が生えたみたいな履き心地」らしい。「着地感」にしても、デザインと機能の他に含まれた繊細なニュアンスを感じるし、平松さんが感覚を表現するときの言葉の選び方、その伝わり方の見事さにはうっとりしてしまう。おしゃれや買い物も、物質的なキーワードより、こんな自分だけの感覚を手がかりにしたら、ちょっと楽しいかもしれない。

まるで空気と一緒に服をまとっているような
どこにも力が入っていない、ざっくりした着方に魅かれる

これまでのおしゃれの変遷で、平松さんにとって思い出深いエピソードの一つに「サルエル事件」というものがある。20代半ばでの結婚と出産を経て、娘さんがまだ幼かった時期のある日に、それは起こった。

「仕事と子育てで毎日ドタバタだったけれど、当時流行していたサルエルパンツを穿いてみたくて、買ったの。初めておろした日、娘を保育園に送るために自転車に乗ろうとしたら、脚を前、横、後ろと、どの角度に上げてみても、またがることができなくて（笑）。あのときは、今の自分の生活と、着ようとした服が決定的に合っていないのだと、現実を突きつけられた気がした」

娘さんが10代になり、日々の慌ただしさも少し落ち着いてきたころ、セレクトショップのブームが台頭する。それまではブランドの世界観に自分から染まっていくような服の着方をしていた平松さんに、セレクトショップは違う角度から服を着る楽しさを教えてくれた。このブランドのこれと、別のブランドのあれを、自由自在に組み合わせていいという提案が新鮮で、服を自分の方へ引き寄せて着られることに、ある種の開放感を味わったそうだ。そして最近もセレクトショップで、「ポールハーデン」のリネンコートを買ったばかり。その服を、平松さんはちょっとユニークな方法で「自分の方へ引き寄せて」いた。

『ポールハーデン』のコートは他にも持っているのだけれど、手強い服だから、まず一日か二日は着て昼寝

「ユニバーサル ユーティリティ」のブラウスに、「エムフィル」の幾何学プリントのパンツ。柄のパンツは「元気がもらえる感じがする」アイテム。

したりするの。ブランドとか、いくらだったとか、そんなことは一切考えずに、心地いい毛布にくるまるような気持ちで。着て寝ることで気張らなくなるし、不思議なくらい体になじむのよ。しっかりしたツイードコートや革の服も、まずは着て寝てなじませるのって、すごくおすすめ」

平松さんがこの麻のコートを「おばあちゃんになっても着ていたいと思って買った」と話すのを聞いて、平松さんが憧れる大人のおしゃれとはどんなものか、たずねてみた。あまり意識したことがなかったらしいが、しばらく考えたのち、最近、浅草で見かけたという粋な老婦人の話をしてくれた。

「老舗の蕎麦屋さんで向かいの席に座っていた常連の女性でね。お酒一合と板わさ、最後に小盛りの蕎麦を頼んで、お店の人ともすっかりなじみといった様子のおばあちゃんで。その方の和服の着方が、ざっくりと、体のどこにも力が入っていないような感じで、いいなぁって思った。そんな素敵さで思い浮かぶのは、沢村貞子さんの着物姿です。和服でも洋服でも、空気と一緒に着ているかのように一体感のある姿に魅かれます」

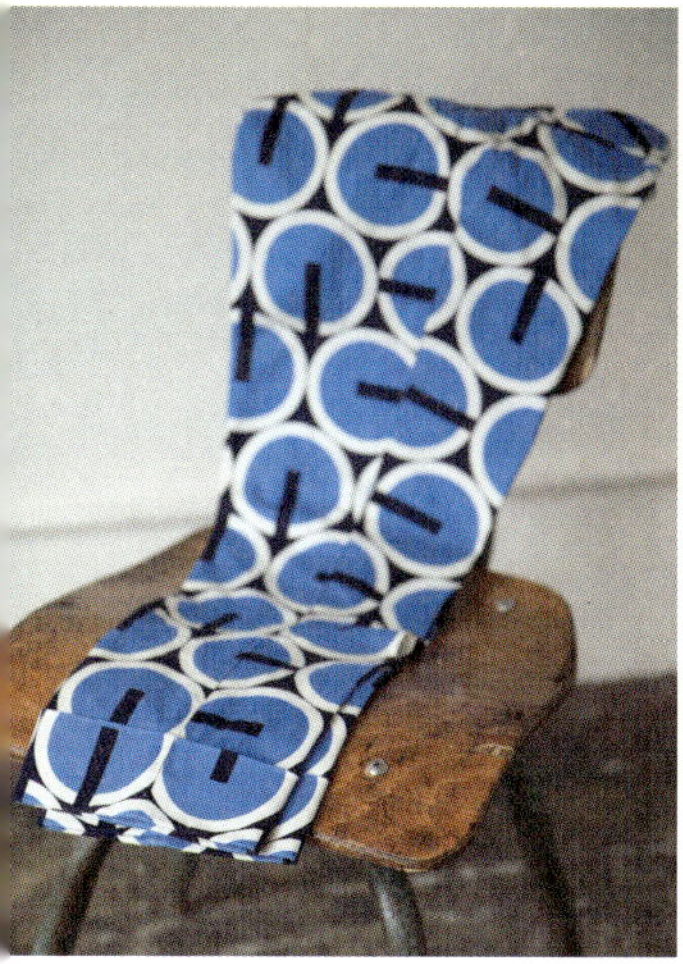

プリントのスリムパンツは足首の見える丈。アクセサリーは、いつもしている両手の指輪以外にはあまりしない。

平松洋子

右下のスナップ写真は19歳。黒のタンクトップ姿で実家のピアノの前に座って。このころはいつもロングヘアを後ろでシニヨンに結っていた。中央の大判のプリントは21歳のころ。Tシャツ、スカートともに「コム デ ギャルソン」。このVネックTシャツは色違いで持っていた。左の16歳のころに着ているのは、ひと目惚れした生地で母に縫ってもらったワンピース。色は紺地にタンポポ色の花柄だった。

ところで、かの「サルエル事件」のとき自転車の後ろに乗せていた娘さんは、今では30歳を過ぎて、すでに結婚もしているという。平松さんはある時期から、おしゃれに迷ったらまず娘さんの意見を仰ぐことにしているそうだ。

「同性の目は公正だから気になるし、でも、親しい友人でも一〇〇％本音は言いづらいもの。その点、娘の目はいちばん厳しくて、伝えてくる言葉もストレート。自分でも、ちょっと微妙かな、と思っている服を着て、おそるおそる『どうかなぁ』ってたずねると、ひと目見た瞬間『ない』って即答されるの（笑）。もちろんグサッとくるけれど、そういう存在はありがたいから」

しかし手厳しいだけではなく、平松さんが「気に入っているのに似合わなくなった」と感じはじめた服を、クロゼットから鋭くピックアップし、もらっていくこともあるという。「大切に着てきた服を受け継いでもらえるのだから、それはとてもうれしいこと」と母親の顔で微笑んだ。

「50代の後半って、なんだかゆーらゆーらした、どっちつかずな感じ。60代になったら少しは変わるのかしら」とため息をつきながらも、その笑顔と語ってくれる言葉に「昔はよかった」といったニュアンスは浮かんでいない。悩みの渦中にあるとはいえ、平松さんが魅力的なのは、年齢による自分の変化に手こずりながらも、それを正面から潔く受け止めているからだ。おしゃれの壁は誰にでも訪れる。けれどそれにぶつかったら、平松さんのようにいっぱい悩んで、でも前向きに乗り越えようとすればいい。どこにも無理のない大人の自然体なおしゃれは、そんな心強さを与えてくれる。

吉谷桂子

ガーデンデザイナー・服飾デザイナー

色が他人に与える印象は大きい。
大人がきれいな色の服を着ると
いいことがたくさんあるから
華やかな存在感を放つ色を、堂々と着たい

よしや・けいこ／1955年、東京都生まれ。商業デザイナー、広告美術ディレクターを経て、1992年に渡英。約七年間の滞在で本場のガーデニングを学び、帰国後は公共施設のガーデンデザインや、テレビや雑誌、講演会、ガーデニングショウへの出演など幅広く活躍中。また2013年より花がテーマのファッションブランド「Shade YOSHIYA KEIKO」を主宰。著書に『花に囲まれて暮らす家』（集英社）、『庭の色』（主婦の友社）ほか多数。

www.shadeyoshiya.com/

吉谷さんの自宅の四月の庭には、濃いピンクのベニバナトキワマンサクをはじめ、春らしい色合いの花々が咲き誇っていた。グリーンのカーディガンと、自らテキスタイルを起こしたフラワープリントのブラウスを着て、花を手にした姿は、まるで庭の風景の一部のよう。服はすべて「Shade YOSHIYA KEIKO」。トップスが華やかな分、パンツとシューズはホワイトですっきり見せるのがルール。

似合う、似合わないの思い込みで自分をしばらないで TPOから色を考えていくと、服選びが楽しくなる

吉谷桂子さんが20代から30代前半までエネルギッシュな仕事生活を送ったのは、バブル景気に沸く広告業界だった。当時は流行の黒い服ばかり着ていたが、その後、イギリスへ移住してガーデニングの世界にのめり込み始めた30代後半、ある年配の女性ガーデナーにそっと言われたひと言が、服の色に対する意識を大きく変えるきっかけとなった。

『あなたはもっと花と友だちになれる色を着た方がいいわ』って言われたの。つまり、どれほど美しい庭をつくろうとがんばったところで、自分がその風景に合わない色を着ていては意味がないと、気づかされた瞬間だった。そう言われて周りを見てみると、たしかにイギリスの庭では、ガーデナーも見学客も、みんなパステルカラーやグリーンなど、植物のようにきれいな色を着ている人ばかり。それまでの私は、少しでも体を細く見せたい気持ちもあって黒っぽい服ばかり着ていたけれど、そもそも環境に合っていなければ、魅力的な人として見てもらえない。庭見学で写真を撮ってみても、風景の中に写り込んでくる人たちは、多少体が膨張して見えたとしても庭に合う色を着ている人の方が、断然おしゃれで素敵だとわかったの」

近著『庭の色』では、色彩の観点から魅力的な庭づくりを提案し、それぞれの色が持つ効果や、それらをかけあわせながら洗練された景観をつくるためのセオリーを細やかに紹介している。本の中で強調される

「カラーエフェクト（色の効果）」と「リレイティブカラー（色をつなぐ）」という二つの色彩キーワードは、実は吉谷さんが庭のみならず日々のファッションコーディネートでも強く意識していることだという。

「見る人に美しい印象を残す庭って、必ず色の効果を最大限に利用しながらつくられているの。色の効果も知らずに自分の好きな花を集めて植えただけの庭は、自己満足で終わってしまって、他人から見て素敵な風景にはなりにくいのね。服も同じで、単純な好き嫌いや、似合う、似合わないの勝手な思い込みだけで自分のおしゃれを限定しちゃうのは、すごくもったいないと思う。本人としては『ちょっと冒険かな？』というくらいの色を着た日の方が、ほめてもらえることってよくあるでしょう」

その日の服の色を決める手がかりになるのは、季節や天気、会う相手や出かける場所、仕事の内容など。日差しが強い夏なら、それを跳ね返す白やオレンジが断然映えるし、初対面の相手に対して自分をどう印象づけたいかと考えるのも、服の色選びのヒントになる。たとえば、知的に見せたいならブルー、やさしく女性的に見られたいならピンク、というように。もしピンクは似合わないと思っていたとしても、実は、明度や彩度のバランスを見直せば、必ず自分にマッチするトーンは見つかるという。

「色には必ず効果があって、服にも必ず目的があることを心に留めておけば、『今日は何を着ればいいんだろう』と悩まなくなるし、服を買ったり選んだりするのが楽しくなると思うの。それと、白っぽい服は太って見えて、黒い服は痩せて見えるという常識にもとらわれがちだけれど、色彩用語では膨張色は『進出色』、逆に黒っぽい色は『収縮色』や『後退色』と呼ぶのね。つまり、奥に引っ込んだ存在でいたいときは暗い色

オレンジのカーディガン、ライトグレーのパンツ、花柄のストールはすべて「Shade YOSHIYA KEIKO」。最近、白でもなくグレーでもない、かすかな陰影を帯びたようなライトグレーに魅力を感じているという。鮮やかな色と組み合わせても、洗練されたニュアンスにまとめあげてくれる。シルバーのハイカットスニーカーは「マーク BY マーク ジェイコブス」。

「ゆったりシルエットのはおりものは、エレガントな雰囲気がスカーフに近いのだけど、動きやすい点でより実用的。体型カバーもできるから、大人向きのアイテムだと思う」。三点とも「Shade YOSHIYA KEIKO」。右上のマーメイド柄は夫の吉谷博光さんが図案を描いている。左下／白やライトグレーのパンツと合わせて履く靴は、「イザベル・マラン」や「マーク BY マーク ジェイコブス」のインヒールスニーカーをはじめ、ヒールが高くても安定感があり、足が疲れないシューズが定番。

を着てもいいけれど、いつもそういう色ばかりだと地味な印象の人に見られて、人生が引っ込み思案になってしまう。ときには明るい色の服を着て、前へ出て光を浴びる感覚を体験すると楽しいし、膨張色だとしても、体が縦長に見えるならカッコイイじゃない?」

その縦長の視覚効果のために実践しているのが、アイテム同士の色をつなげるコーディネート法。たとえば鮮やかな色のカーディガンを着る場合は、フロントボタンは留めずに、インナーとパンツと靴までを同色で揃えて縦のラインをつくる。とくにパンツと靴の色を揃えることがポイントで、その場合も白のパンツと白い靴、ライトグレーのパンツとシルバーの靴、ダーク系ならばネイビーのパンツにネイビーのブーツというように、ありがちな黒はあえてはずすことを心がけているそうだ。

「アラウンド何歳」で考えるより、五年、十年、二十年後のヴィジョンを持つことで60歳の迎え方が違うと思う

広告美術の分野で順調なキャリアを積んでいた吉谷さんが、30代半ばでイギリスへ渡ったのは、当時のまま仕事を続けた先に自分がどんな60代になるのか、明確なヴィジョンを描けなかったからだという。その後、60代、70代、80代の女性たちも多く活躍するガーデニングの世界に出会ったことで、これから目指す人生の道筋を見出すことができた。そして今、いよいよ吉谷さんは60歳を間近に控える年齢となった。

「最近はアラウンド何歳ってくくりが一般化しているけれど、私は、人生は四捨五入で考えるべきだと思っていて（笑）、たとえば45歳なら、もう50歳の入口に立っているつもりでいた方がいい。そうやって常に先のヴィジョンを持ちながら生きてきた60歳と、なんとなく年齢を重ねてきただけの60歳は、心構えが違う気がするの。もう若くないと後ろ向きになってしまうか、さぁこれからますます楽しむぞと思えるか」

三年前、夫が「こんなカッコイイ本が出たぞ」と言って買ってきてくれた写真集『アドバンスト・スタイル』をめくりながら、吉谷さんの60代以降のおしゃれ計画はますますヴィヴィッドなものとなった。本に登場する、背筋を伸ばしてハイヒールを履き、服もメイクもバッチリ決めてカメラにポーズを取る女性たちに惚れ惚れしながら「次に目指したいのはここだ！」と興奮したという。

「常に派手でいるのはしんどいから、ここぞというときにバチッと決められれば、それでいい。どんよりした曇り空の日に、原色の服を着ても気持ちが落ち着かないし、見ている方も疲れるしね（笑）」

そうしたことも含めて、吉谷さんが近ごろ強く感じているのは、実は大人のおしゃれの方が、若いころより自由かもしれないということ。宝石は若い人より大人の方が似合うと言われるように、それまでの人生でおしゃれをがんばってきた人が、上質で高級なものでも嫌味なく自然に身に着けつけられるようになる、その目安となる年齢が60歳ではないか、と。

「昔の人の着物みたいに、『年をとったら地味な色を着よう』なんて考えは、洋服の場合はまったく必要なくて、逆に、ちょっと思いきって強い色を着てみたら、若いころより映えて絶対に素敵だと思う」

私のおしゃれを支えるもの 「イエロー」

右ページの写真の左のアウターは「ジル サンダー」。単衣の軽やかな仕立てがスプリングコートとして活躍。右は自らデザインした「Shade YOHIYA KEIKO」のチュニック。右の写真で着用している「ジョセフ」のコートは、洗濯機で洗えるカジュアルな素材で、ジーンズのように風合いが増してきたところも気に入っている。

私のおしゃれを支えるもの

「イエロー」

吉谷さんが着ているイエローのトレンチコートは、十年以上前にロンドンの「ジョセフ」で購入したもので、これを着ていると必ずほめられるという思い入れの深い一着。他にも、ここぞという場面ではイエローを着ることが多く、自身のブランドの「Shade YOSHIYA KEIKO」のコレクションでもイエローの魅力を提案している。

「花の世界では、イエローは進出色で前に飛び出して見える特性があり、光に映えて存在を主張する色。だから服に置きかえて考えてみると、人前で話す予定がある日や、今日は私に注目して！という場面で身につける色としてもってこいなの（笑）。還暦で赤を着るという発想もいいけれど、イエローは顔色が明るく見えるのが何よりいいところで、これから髪がグレーや白になっていったら、こんな鮮やかな色がますます映えるようになると思う」

インパクトの強い色を着ると、周囲から必ず反応がもらえて、それがまたおしゃれ心の活性化につながっていく。ただし強い色を着るときは、これも庭づくりと同様で、色数をしぼることが洗練の条件だという。

「イエローのトップスやアウターを着たら、合わせるボトムと靴は白や淡いグレーでまとめて、主役の色を引き立たせる。これで、黄色い花の咲く庭園にでも出かければ、最高に素敵な存在として注目してもらえるし、もちろん街でも目を引いてカッコイイ。年をとって地味へ地味へと逃げるのは簡単だけれど、気合いを入れてこういう色を着る、そんな心意気を持ちながら60代を迎えたい」

海外旅行ではとくに暗い色を避ける。レストランやホテルでの対応が変わってくるから

「庭に合う色を着た方がいい」と教えられた最初のきっかけにはじまり、とくに海外で、服の色の重要性をたびたび痛感するという。

「海外へは20代のころからしょっちゅう出かけていたけれど、若くて、しかも黒っぽい服ばかり着ていたせいで、レストランでもホテルでもあまりいい対応を受けられなかった。でも実はそのことに気づいたのは後からで、大人になって明るい色の服を着るようになっただけで、昔とは比較にならないくらい丁重に扱ってもらえるようになって驚いたの。旅行には汚れが目立たない服がいいという考え方もあるけれど、都市の観光旅行ならたいして汚れることもないし、私自身の体験として、着ている服の色によって受ける対応は違うという事実をみんなにも伝えたい」

ガーデニング愛好家同士で海外の庭園見学ツアーに行く際も、「グリーンや花の色の服」をドレスコードにすると、訪問先のガーデンでとても歓待されるという。ちなみに、寒い時季の海外旅行用アウターとして吉谷さんが最近愛用しているのは、白いラムのファーコート。黒いコートを着て旅行していたときとは、レストランで通される席がまったく違うそうだ。

吉谷さんの仕事部屋のトルソーにかかっていた、迫力満点のコート二着。シルバー×ブラックの幾何学柄は「ドリス ヴァン ノッテン」。グリーンのベルベットにフォックスファーの襟がついたドラマティックなコートは「トムフォード」。「気合いを入れないと着られないくらいパワフルなデザインを、60歳を過ぎた女性が着るのがカッコイイと思って買ったの」。そんな姿のお手本が『アドバンスト・スタイル』の中にたくさん見つかる。

吉谷桂子

右上と右下の写真は、20代後半。出発直前に自転車で転び、ギプスをしたままヨーロッパ旅行に出たときの一枚と、黒いサンローランのスーツを着たバブル期の一枚。左下は、35歳の結婚式。ウェディングドレスは友達がつくってくれたもの。左上は40代後半、家族とヴェニスへ旅行したときのスナップ。このころにはとくに海外では黒を着なくなっていた。

日頃から芸術に感動をもらっていると
その感性は必ずおしゃれにも表れてくる

イギリスでは、ガーデニングは芸術の範疇として見なされ、庭の色彩計画というカテゴリー自体にも百年以上の歴史がある。学生時代からずっと美術に携わってきた吉谷さんがガーデニングの世界に魅了されたのも、その芸術性に感動したからだった。

「アートって、見回せば身近にたくさんある。音楽でも舞踊でも絵画でも歌舞伎でも、もちろん本から得る刺激だっていい。とにかく女性はつねにアートに親しんで、そこから喜びを得られるのが特権だと思うの。大人になったら、ただおしゃれすることだけをがんばればいいわけではなくて、いつも美しいものに触れて感動しながら自分を磨いていく、それが最後にファッションに表れてくるというのが、若い人といちばん違うところじゃないかと思う」

「輝いている60歳」を目標に、自らの意志で人生を切り拓いてきた吉谷さんが語る言葉には、今とこれからをもっともっと楽しもうという意欲があふれている。その前向きさが生む希望こそ、吉谷さん自身が約二十年前に、大人の女性ガーデナーたちの姿の中に感じたものだったのかもしれない。お手本となる存在を見つけて、先のヴィジョンを描くことは、年齢を重ねるのが楽しくなるということ。吉谷さんはそれを「服の色」という角度から教えてくれたのだった。

ウー・ウェン

料理研究家

料理もおしゃれも、普段がいちばん大事。
忙しくて余裕がなくても
これを着れば自分らしくいられると
信頼できるブランドは、心強い味方なの

うー・うぇん／1963年、中国・北京生まれ。1990年来日。結婚後、一男一女に恵まれ、料理研究家として注目を集める。現在、東京と北京でクッキングサロンを主宰。シンプルでおいしい中国の家庭料理にはファンが多い。著書に『ウー・ウェンの北京小麦粉料理』『ウー・ウェンさんちの定番献立』（ともに高橋書店）、『ウー・ウェンの野菜料理は切り方で決まり！』（文化出版局）など多数。www.cookingsalon.jp/

明るい笑顔と茶目っ気たっぷりのおしゃべりで場の空気を和ませる名人のウーさんは、二十年以上に渡る「コム デ ギャルソン」のファン。長身でスラリとした体型にぴったりのデニムは「ジュンヤ ワタナベ・コム デ ギャルソン」、前見頃にロゼット風の装飾をあしらった、さりげなくアヴァンギャルドな雰囲気のストライプシャツも「コム デ ギャルソン」。ハラコのスリッポンスニーカーは「マーク ジェイコブス」。

一着でデザインが完成している服を着ると生活をシンプルにすることができる

ウー・ウェンさんのワードローブの大半を占める、「コムデギャルソン」の服。毎シーズンのコレクションを青山店でチェックして新作に袖を通すが、十年以上着続けている服もたくさんある。「デザインがもう完成しているところがいいの。アクセサリーを足したり、コーディネートに悩んだりしなくていいから、結果的にシンプルに生活できる」

これさえあれば他はいらないという、「これ」を見極めること。忙しさに負けずに自分が納得できる質を保つため、おしゃれにおいても、毎日の料理においても、ウーさんが大切にしているルールだ。ファッションでシンプルを追求する場合、装飾のないベーシックなデザインを選ぶ方法もあるけれど、ウーさんは「主張のあるデザインの服を着ることでシンプルに生きられる」と考える。

「26歳で日本に来たとき、まだ日本語がうまく話せなかったから、北京で一度仕事をしたことがある日本人男性に連絡をとったの。彼に東京の街を案内してもらいながら、『日本を代表するファッションブランドは何ですか』と聞いたら、『コムデギャルソン』の店に連れて行ってくれた」

ウーさんより27歳年上のアートディレクターであったその男性とは、二年後に結婚。幼いころからファッションが大好きだったウーさんだが、結婚を機にファッション誌をまったく買わなくなったそうだ。

「私の体型って、身長に合わせると腰がブカブカ、Sサイズでは袖が短い。でも夫がすすめてくれた『コムデ ギャルソン』は胸が小さい東洋人にこそ似合う服だし（笑）、最初からしっくりきて。気取りはないのに主張を感じるところは、私が日本人に抱く印象そのまま。外国人から見ると、とても日本人的な服だと思う」

いつもウーさんをリードし、料理研究家の道にも導いてくれた頼もしい夫だったが、2005年に病気で他界。当時まだ小学生だった子ども二人を、一人で育てていくことになったウーさんの毎日は、多忙を極める。

「二十四時間寝ないでがんばっても、まだやらなくちゃいけないことが終わらないの。そんな日々の中で、やることの質を落とさないためには、絶対必要なこと以外は削ぎ落とし、これさえやれば大丈夫というやり方に変えなくては、と思った。おしゃれや買い物は私の心の栄養で、どんなに忙しくても切り捨てたくないから、ここなら確実に好きなものがあるという店へ行き、一着でスタイルが完成する服を着ればいい。私にとってそれは『コムデ ギャルソン』だった」

仕事では、少ない材料と簡単なプロセスで確実においしい料理を追求し、そのスタイルを確立。ウーさんの料理は、忙しくなったことで逆に進化したと言えるかもしれない。

右上と右下は「コムデギャルソン」、左上は「ジュンヤ ワタナベ・コム デ ギャルソン」のワンピース。トレンドとは別領域にあるデザインは、十年以上着続けても古さを感じることはない。「子どもたちが小学校に入学したときから高校を卒業するまで、PTAの用事などで学校に行くときは、コンサバなスーツを春夏と秋冬用で二着揃えてそれで通した。でも娘の大学の入学式には『コム デ ギャルソン』の黒いワンピースで出席したのよ」。

今日、家を出たら何が起こるか、誰にもわからない。だから「心のお守り」として手を抜かないと決めていること

髪をバッサリ切る前は、子育てに時間を取られて毎月美容院へ行く暇もなく、ずっとロングヘアだったウーさんだが、その多忙な日々の中でも通うことをやめなかったのが、月に一度のネイルサロンだ。料理研究家という職業上、手はハンドマッサージや爪を磨くなどのケアが中心だが、足の方は、季節に合わせたカラフルなペディキュアを楽しむ。表には出ない部分にプロの手を入れる、その究極ともいえる自分への投資にウーさんがこだわりつづける理由には、幼いころ一緒に暮らした祖母からの教えがあった。

「『足や靴は大事だよ。初めて会う人はあなたの顔ではなく足もとを見ていると思いなさい』って、いつも言ってた。私のおばあちゃんは1898年生まれで、纏足の文化の最後の時代の人。おばあちゃんの足もほんの10センチくらいしかなくて、一人では歩けないから、私が手を貸したり、足の手入れをする役だったの。野原に咲いている花を摘んでくるように言われて、道具を使って花から色素を抽出し、それを赤ちゃんみたいな足の爪に塗って。あんな小さな足でもおしゃれを忘れなかったおばあちゃんの姿が今でもしっかり記憶に刻まれていて、私は、たとえ髪は伸び放題だとしても、足のケアをしなくなったら自分が女であることを忘れてしまうような気がした。あまりに忙しいときや、支出が多かった月などは『今月はやめようかな』って思うのだけど、それでもネイルサロンに行くと『またがんばって仕事しよう』ってやる気が出てくるの」

もう一つ、自分にも子どもたちにも徹底させているのが、下着へのこだわり。肌にいちばん近いものが良質でなくては、おしゃれは未完成という意識だ。ここにも、大切な部分を見極めてそのポイントを押さえるという姿勢が貫かれている。

「今日、家を出たら何が起こるか、誰にもわからないでしょう。ひょっとしたら事故にあって、帰って来られないかもしれない。そうなったとき『外身はおしゃれしてたけれど下着はいいかげんだった』とか『家が散らかっていた』なんて思われたくない。だから服も下着もちゃんとして、必ず家をきれいにしてから出かける。そして、家族を見送るときは顔を見て『いってらっしゃい』と声をかける。必ずこれをやることは、私の心のお守りだと思っているの」

普段をいちばん大事にすること。見えない部分に手を抜かないこと。実像と虚像の裏表をつくらないこと。この一貫したポリシーには、自分が外国人であることも関係している、とウーさんは語る。

「日本に暮らして二十五年。今年52歳だから、そろそろ日本と中国のハーフなんだけど（笑）、この国で仕事をしながら生きていくと決めたとき、そのためには周りの人たちに私という人間をまず信用してもらうしかなかったの。本音と建前を分けたり、裏表をつくったりすることは、何かの瞬間にそれまで築いた信頼をすべて失ってしまいそうで怖かった。だからどんなときも自分の全部をさらけ出して、相手に自分をわかってもらう。そこだけは絶対に守らなくてはと、いつも自分に言い聞かせてきた」

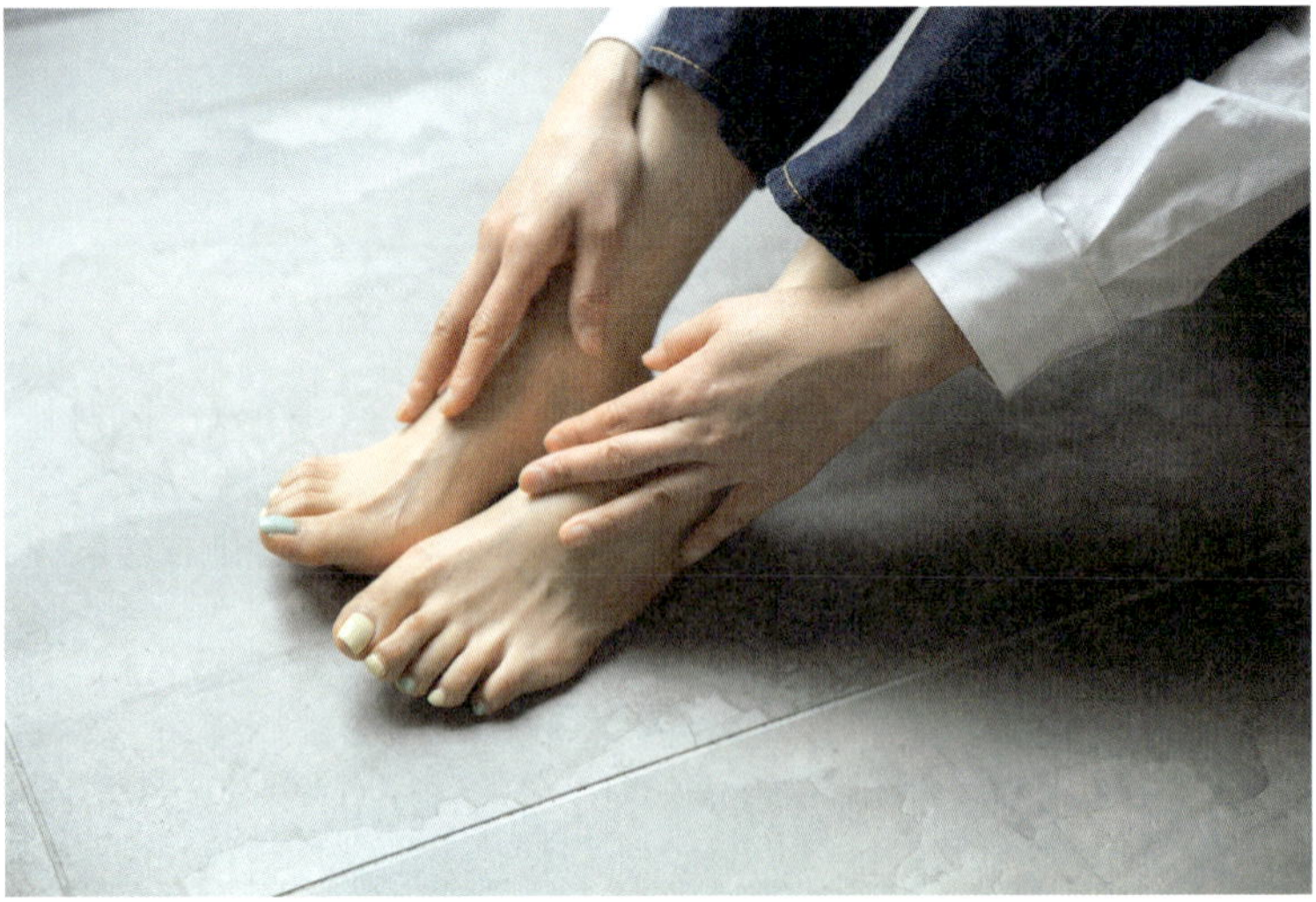

上／ネイルサロンで定期的にケアしているすべすべの手足は、すみずみまで行き届いた感じが一見してわかる。足の爪は人目に触れないからこそ、季節感を取り入れながら色で自由に遊ぶ。下／靴はいろんなブランドで買うが、スニーカー感覚で履くひも靴は「コムデ ギャルソン」で色違いで揃えている。

私のおしゃれを支えるもの

「ショートヘア」

よく見ると左右のカットはアシンメトリー。「ちょっと建築っぽい髪型でしょ？　私、整髪料をつけてスタイリングしたり、髪を耳にかけたりしなくちゃいけないのは面倒でイヤなの。そんな私の性格に合わせて、洗いっぱなしでもちゃんとスタイルが決まるように切ってくれるから、すごく助かる」。

私のおしゃれを支えるもの

「ショートヘア」

長年のロングヘアから、長女が大学に入学した数日後に何の前触れもなく髪型を一新した。家族もクッキングサロンのスタッフたちも、突然のウーさんの変身に驚きながらも「いいじゃない」「似合うね」とほめてくれたという。

「主人が亡くなってから、なんとしても二人の子どもたちを立派に育てよう、それが彼へのいちばんの供養だと信じて、無我夢中でやってきた。そんな日々から、ようやく一人を大学に送り出したことで、すごく肩の荷が下りた気分だったの。まだ学費を払うという仕事は残っているんだけれど（笑）、これまでよりは少し自分の時間を持てるようになり、毎月美容院にも行ける。髪を短く切ったことで、いよいよこれから新しい生活が始まるんだという実感を持つことができた」

少しクセのあるウーさんの髪質を生かしたショートヘアは、マリアンヌさんというベトナム系フランス人の美容師がカットしてくれている。奇抜ではないのにさりげなく個性を感じるスタイリッシュなヘアは、「コム デ ギャルソン」の服との相性も最高だ。

「マリアンヌさんはパリで美容師として働いていた人なのだけれど、東洋人の難しい髪質を扱うことでカットの腕を磨きたいと、東京へ来たそうなの。お互いに異国の地で仕事をがんばる外国人同士だし、少しでも応援できたらという気持ちで、私の家に来てカットしてもらっているのよ」

ウーさんの新しい髪型には、子育てと友情にまつわる二つのストーリーが潜んでいた。ショートヘアになったウーさんがなぜこれほど輝いているのか、その理由がわかる気がする。

みんなに支えられてここまでやってこれたから自分もおしゃれを通じて誰かの応援がしたい

子どもたちは二人とも大学生になり、子育てに充てていた時間には少し余裕がでてきた。それが心のゆとりを生んだのか、かなり久しぶりにジーンズを穿いてみたくなったウーさんが、新しいジーンズを買いに向かったのはやはり「コム デ ギャルソン」。現在、「ジュンヤ ワタナベ・コム デ ギャルソン」のデニムパンツを、インディゴの濃淡のバリエーションで二本、愛用している。

「娘に『ジーンズは若い人のための服だから、ママには無理だよ』って言われて、『そんなことない。大人のジーンズの魅力を見せてやる！』って負けん気を起こしたのよ（笑）。若い人と同じような着方をしたのではたしかに勝ち目がないから、ちょっと凝ったブラウスを合わせるのが私のこだわり。そうやって『次はこんな服にチャレンジしてみよう』とか『来シーズンはあれを買うぞ』とか、小さな目標でいいからいつも持つようにしていると、仕事や毎日をがんばれるの。『コム デ ギャルソン』で新作を買うときも、あれこれ欲ばらず、ワンシーズンに一着か二着までと決めているのよ」

ちょっとおしゃれしたいときのバッグは、流行のものには手を出さず、知り合いのカゴ作家の田中憲子さんの展示会で、ナンタケットバスケットを購入することにしている。誰かとかぶってしまうことがないし、『コム デ ギャルソン』の服に合わせたときのバランスも気に入っているそうだ。また、格式ある伝統工芸

黒いニットとスカーフを複雑にはぎ合わせた「コムデギャルソン」のワンピースに着替えた瞬間、クッキングサロンのスタッフから「素敵！」「先生はその服がほんとうによく似合いますよね」と声があがっていた。靴は「アレキサンダー マックイーン」。

サイズと形、持ち手や内袋の素材などでバリエーションを揃えているナンタケットバスケット。「気軽なお出かけからパーティーまで対応してくれるし、『コムデギャルソン』にも似合うでしょう?」。

ウー・ウェン

右上は四年前のプロフィール写真。トップスは「コム デ ギャルソン」。下は2008年、ウールのチャイナドレスで知人の結婚式に親子で出席したとき。左は約二十年前、娘との記念写真。夫が見立ててくれたニットを着て。

品のバッグは、いずれ娘さんや息子のお嫁さんに受け継ぐ品としてもふさわしいと考えている。「お母さんはこういう趣味があった、ってカゴを見ながら思い出してもらうのも悪くないかなって。それと、縁あって知り合ったナンタケットバスケットの作家さんを、自分なりに応援したいという気持ちもあるの。私自身、クッキングサロンの生徒さんやスタッフのみんなのおかげでここまでやってこれたし、支えてくれる人がいなくては仕事を続けられなかった。同じようにものをつくったり表現したりする立場の人を応援することで、自分が受けた恩を少しでも返せたらいいなと思っている」

夫のすすめで出会った「コム デ ギャルソン」を着続けながら彼への感謝を忘れず、好きな作家さんの作品の魅力を広めたいと、美しいハンドメイドのカゴバッグを愛用し続ける。そして懐かしい祖母の記憶とともに、どんなときも足の手入れを怠らない。ウーさんのおしゃれは、大切な人たちとのつながりや思い出をそっと胸に抱きしめるようなやさしさから生まれている。だから深い人間味にあふれ、本当の意味での大人のおしゃれを見せてもらっている気持ちになるのだ。

角野栄子

児童文学作家

おしゃれをあきらめない気持ちは大切。
自分では選ばないものを人にすすめてもらって
トライしてみると面白いし
その好奇心はずっとなくしたくないわ

かどの・えいこ／1935年、東京都生まれ。早稲田大学を卒業後、出版関係の仕事を経て24歳で移民としてブラジルへ渡る。二年間滞在し、世界を周遊して帰国。1977年に童話作家として本格デビュー、1985年に発表した『魔女の宅急便』が世界的人気シリーズとなる。絵本と児童文学作品の執筆、翻訳、講演や朗読など活動は多岐に渡り、最新刊は自らの戦争体験に基づいたファンタジー作品『トンネルの森 1945』（KADOKAWA）、『角野栄子さんと子どもの本の話をしよう』（講談社）など。www.kiki-jiji.com/

グリーンのメガネを新調したのに合わせて、グリーンの服を探していたら、鎌倉の自宅近所にあるショップ「テイクオフ」で、襟もとがアシンメトリーになったカットソーワンピースを見つけたという。ネックレスと指輪までグリーンで統一した角野さんが、リビングの赤い壁の前に立つと、そこだけまるで絵本の世界のような色彩になった。

客観的なアドバイスを取り入れて自分が輝いて見える色や組み合わせを知る

取材で訪れた自宅で、まず目に焼きついたのが、室内で部分的にではあるが赤く塗られた壁と本棚だった。撮影用に多めに用意してくれていた服も、半分以上が赤。「実際はいろんな色を着ているのだけれど、なんとなく『角野さんと言えば赤』と思われているみたいね」と笑う。十五年前にこの家を建てる際、設計上に「まず自分の色を決めるように」と言われて、「いちご色」と答えたという。すると、こっくりと濃い、でも甘ったるくない、絶妙に大人っぽいストロベリーレッドに塗ってくれた。

「服で赤を着るようになったのは、40代の前半だったかしら。まだ新人作家のころで、あるパーティーに赤い上下を着て行ったことがあったの。そのころは、普段着ているのが黒やグレーやベージュの服ばかりだったから、自分では赤が似合っている自信がなかったのだけれど、パーティーに来ていた絵描きさんに『角野さんは赤が似合うねぇ』って言われて。『本当？ 本当にそう思う？』って聞いたら『絶対だよ、よく似合うよ』って。絵を描く人がそう言ってくださるものだから、真に受けることにしたの（笑）」

50歳ごろにはだいぶ白髪の量が多くなり、髪色が変わったことで、鮮やかな色を着ることに抵抗がなくなったという。メガネをかけるようになったのもそのころからで、外国へ行ったときや、国内なら主に原宿の「リュネット・ジュラ」で、店員さんにすすめてもらいながら選んでいる。現在愛用しているものだけで十本以上、どれも色や形や柄にひとクセあるデザインばかりだ。

「自分で選ぶとどうしても同じようなものばかりになってしまうけれど、人に選んでもらうと意外な出会いや発見があるのよね。私が作家デビューしたのは42歳で、それまでは家で子育てという生活だったし、服の色も地味だった。本を出版して人前に出ていくようになったとき、娘がもう小学校の高学年になっていたから、彼女に服やアクセサリーをコーディネートしてもらって、お礼にお小遣いをあげていたのよ」

娘さんとは現在は別々に暮らしているが、遊びにくるとネックレスをプレゼントしてくれたり、「今度の講演会で何を着るか」といった相談に乗ってくれたりするそうだ。家族ゆえの遠慮のない指摘にときどきカチンとしながらも、それを受け入れる素直さと、予想外の提案を面白がる姿勢を忘れない。角野さんのおしゃれが、明確なスタイルを築きながらもその中で常にアップデートされている印象なのは、客観的なアドバイスの取り入れ方が上手なせいもあるのだろう。

人生も作品も、先々のことは考えずに「やってみたいな」と思ったらまず飛び込む

24歳のとき、移民としてブラジルへ渡った。船は喜望峰周りのコースで、二ヶ月間かけて地球を半周。サンパウロに二年間暮らしたのち、車でヨーロッパ中を九〇〇〇キロも駆け回って帰国した。著作やインタビ

講演などで舞台に上がる日は、赤を身に着けることが多い。丸いフォルムのメガネ、口紅、ワンピースまで色を揃えて、モダンなロングネックレスと指輪をアクセントに。「一歩間違えると、ただ派手なだけで品のない感じになってしまうから、原色を着るときは無地の服にすることが多いのよ」。口紅は「クリスチャン ディオール」のお気に入り二色を、服の色に合わせて使い分けている。

スウェーデンのヴィンテージ生地を使って、知り合いの布作家さんに仕立ててもらったワンピース二着。どちらも、すとんとシンプルな台形シルエットにクルーネックで、丈まで同じ。「子どもたちに絵本を読むといった会では、こういうちょっと夢のある柄物を着るの。両方ともテーブルクロスやカーテンにできそうなほど丈夫なコットン生地だから、新幹線の移動でもシワが気にならなくていい」。

角野栄子

ューでたびたび語ってきたブラジルの思い出を中心に、20代から始まった世界各地の旅の体験は、角野さんのおしゃれにも少なからず影響を及ぼしているはずだ。

「ブラジルは多民族国家で、私が暮らしていたころは特別おしゃれな国という雰囲気ではなかったけれど、一年中暑くて、光と影の差がとてもはっきりしているのが印象的だった。明るい場所から日陰に入ると、一瞬真っ暗で何も見えないくらいなの。そんな陰影のくっきりした土地で、黒人の女性がときどき真っ白や、真っ黄色の服を着ているのを見ると、もう見惚れるほどきれいでね」

そのブラジルと言語が同じこともあって、ポルトガルも大好きな国。これまで二十回以上は訪れ、行くたびに「アメ玉みたいな」プラスティックの指輪をおみやげに買ってコレクションしている。また、子どもたちに向けて朗読するときによく着る花模様のワンピースは、スウェーデンのヴィンテージ生地から仕立ててもらったものだというし、角野さんのおしゃれは、どこの国の誰か風といった枠におさまらない、とびきり自由で、しかも洗練された華やかさがある。

「何においてもそうなんだけど、昔から『やってみたいな』と思ったら、まずやっちゃうの。これをやったらこうなって、そうしたらこうなっちゃうから、やめておきましょう、という慎重さがなくて、無謀なのね(笑)。本を書くときも、あらかじめ筋立てはつくらずに、キャラクターが生まれたら書き始める。それが自由に動くのをじっと見守りながら書き進んでいくと、突然、物語の終わりまでの流れがさーっと見える瞬間があるの。登場人物たちが私の好きなキャラクターで、存在に矛盾がなければ絶対に大丈夫で、作家さんによっていろいろな書き方があると思うけれど、私の場合はこんなふうに作者とキャラクターの関係性が、ちょっと不思議なのよね」

50歳で出版した『魔女の宅急便』が数々の児童文学賞を受賞し、スタジオジブリによってアニメ映画化もされて、大ベストセラーに。主人公の魔女キキの成長に合わせて書き続けたシリーズが第六巻で完結したのは、一巻の発表から二十四年後、角野さんが74歳のときだった。その間、角野さんはこの名作ファンタジーの生みの親として、白いおかっぱ髪にきれいな色の服、お揃いの色のメガネとアクセサリーでおしゃれをして、ファンやメディアの前に登場し続けてきた。80歳を迎えても刊行ペースは落ちることがなく、精力的に新作を書きながら、講演などで国内外を飛び回る。

「書店でファッション雑誌もチェックするわよ。一冊の中に一着でも気に入った服が見つかればその雑誌を買うこともあるし、ブランドをインターネットで検索することだってある。出かけるとき、事前に娘が組み合わせを決めてくれていたのに、急に気が変わって自分で決めなおしたり、これでよしと思って出かけても、途中でやっぱり変えたくなって戻って着替えたり……で、遅刻しそうになっちゃう(笑)。いい大人が何やっているのかしら、って思うけれど、逆に『もうおしゃれなんてどうでもいいわ』と外出するようになってしまったら、生きる張り合いを失ってしまったみたいでこわい。おしゃれに悩むうちは、まだ大丈夫かなって思っているの」

いつも色鮮やかな服で電車や新幹線で出かけていると、目立って声をかけられるでしょう、とたずねると

私のおしゃれを支えるもの

「メガネと指輪」

角野さんのおしゃれは、いつもメガネからスタートする。毎日のおしゃれも、最初に決めるのはメガネ。次にメガネの色に合わせた服、その次は指輪とネックレス、最後に靴という順番。

「メガネと服がぴったり合っていないとイヤだから、新しいメガネを買ったら同じ色の服を探しに行くの。私は老眼が早くて、メガネをかけないといけなくなったときは、実は憂鬱でね。でも派手なメガネって、かけてみたら目もとのシワが目立たないのよ。そのことに気づいたら、ちょっとラッキーな気がしちゃった」

メガネの隣には、細かく仕切ったアクセサリーケース何段分もの指輪があった。角野さんが海外で買うのを楽しみにしているもので、最初の一個を買ったのは、ポルトガルの駅の売店、値段はたった2ユーロだったそうだ。その愛らしさと、おしゃれのアクセント役としての優秀さに夢中になり、今では一度にいくつも買って帰ってくる。

「荷物が重くなるとイヤだから、大きいおみやげなんて最近は買わないの。この指輪はプラスティックで軽いし、一個300円もしないのよ。いくらでも欲しくなるわ」

これだけ指輪の数が揃っていると、服やネックレスにぴったりの色合いは必ず見つかる。印象的だったのが、同じ赤系でも服のトーンと少しずれていると「これは違う」といってすぐにはずしていたこと。どう考えてもこの組み合わせ以上のものはない、そんな完璧なコーディネートを突き詰めたところに、角野さんのスキのないスタイルは生まれている。そのことに気づいた瞬間だった。

上／国内でメガネを買うときは、原宿の「リュネット・ジュラ」へ。ほどよく個性的で、しかも顔になじむものを選んでくれるセンスを信頼している。「でもメガネを試すときって、レンズに度が入っていないから、鏡がぼやけて自分の顔がよく見えない。だからお友だちにもついてきてもらうのよ」　下／金属アレルギーのためアクセサリーはもっぱらプラスティック製。この発色と、大ぶりでも軽いところが気に入っている。

右上の写真は大学時代。「写真好きな男の子にモデルを頼まれて新宿御苑で撮ったの」。左も、ウールコートの襟に早稲田大学の校章がある。当初ブックデザイナー志望だった角野さんは、卒業後は本のデザイン担当として紀伊国屋書店に入社した。右下は高校生のころ。実家は江戸川区に代々続く質屋で、生粋の江戸っ子として育った。

「そういえば一度、鎌倉駅で修学旅行生たちに囲まれて写真をせがまれて、ホームが大騒ぎになっちゃったことがあったわ。あのときは困ったわねぇ」とおかしそうに振り返った。彼らにしてみれば、自分が夢中になって読んだ物語の作者が、そのファンタジーの世界観をまといながら目の前にいる現実にさぞ興奮したことだろう。

角野さんの唯一無二の存在感は、40代というどちらかといえば遅い作家デビュー以降、おそらく生み出す作品とともに増してきたもので、きっとその輝きがもっとも強いのが、過去のどんな時期よりも今なのではないだろうか。まるで童話の登場人物のように、時空を超越したチャーミングなキャラクターに夢をもらうのは、作品を読む子どもたちだけではない。角野さんと同世代や、角野さんに憧れるもう少し下の世代の女性たちだって、同じように胸をときめかせながら、その姿を見つめてしまうのだ。

有元葉子

料理研究家

「これがいい」という感覚は自分だけのもの。
五感を鈍らせないためには、体と暮らしを整えて
バランスが傾いたら早めに立て直して。
そうして見つけた一着とは、とことん付き合うの

ありもと・ようこ／専業主婦として三人の娘を育てる中で料理の面白さに目覚め、料理家としてのキャリアをスタート。イタリアンから和食までシンプルで洗練されたレシピと、たしかな美意識に貫かれたライフスタイルで、幅広い層の女性たちの憧れを集める存在に。現在は海外と日本を行き来しながら、料理教室やセレクトショップ「shop 281」の主宰、使い心地とデザイン性を追求したキッチンツール「ラバーゼ」の開発などを手がけ、著書も多数出版している。近著に『この野菜にこの料理』（筑摩書房）、『「使いきる。」レシピ』（講談社）、『晩酌』（東京書籍）など。

www.arimotoyoko.com/

素肌に着た黒い麻のジャケットは、十年以上前にテーラーの友人が仕立ててくれたもの。襟開きの絶妙な深さや、ジャストサイズの着心地は、オーダーメイドこその魅力だ。料理の仕事の際は動きやすさを重視してスリムパンツだが、たまのオフには、こんなワイドパンツやアクセサリーのおしゃれを楽しむ。

鏡の中の「今の自分」に目をそらさないで ちょっとの違和感にも気づくアンテナを持つこと

おしゃれを切り口に取材を受けることについて、有元さんは最初に「私のクロゼットなんて見ても、面白くないんじゃないかしら」と笑いながら言った。ワードローブの色は、黒、紺、白、グレー、ダークブラウン、ベージュで、そこからはみ出すものはほとんどない。料理の仕事をする日に着るTシャツとパンツは、それぞれ決まったブランドで同じ形のものを何年もリピートし、エプロンまで含めて基本的に無地。オフの日にはアクセサリーも楽しむけれど、肌になじむものを控えめに身に着ける程度だ。この日は、リネンのジャケットをインナーは重ねずに一枚で着て、その胸もとにネックレスをしないかわりに、左手首にチャームがたくさんついたゴールドのブレスレットをつけていた。約二十年前にイタリアで出会ったヴィンテージだという。

「仕事の日は、少しでも気になることがあると作業の妨げになるから、最近はブレスレットはもちろん指輪もしない。Tシャツもパンツも、これという形を見つけたら、そこから浮気はせずに、古くなったら同じものを買いなおすの。だから、私がいいと思っている商品を、ブランド側がつくるのをやめてしまうときがいちばん困る。だって、自分にぴったり合う一着を見つけるのは、とても大変だもの。やっぱりあの服でないと……って数年我慢しているうちに復活してくれることもあって、そんなときは『あぁ助かった』ってすごく安心するのよ（笑）」

有元さんが「ぴったり合う服」の条件にしているのは、何よりも着心地だ。素肌に着て気持ちいいと感じる素材であること、そして肩のサイズがぴしっと合っていることの二点においては、とくに厳しくチェックする。たとえば店に服を買いに行って、ウィンドウにふと魅かれる服を見つけてフィッティングするとき、「服の中に体がスポンと入る感覚」が得られれば合格、少しでも「あ、違う」と感じたら、やめておく。

「そういう感覚は誰でも持っているし、逆に他人に助けてもらえるものではないと思う。そこに敏感であるためには、まず自分をちゃんとしておくことが大切ね。健康で、きちんと食べていること、そして姿勢も。私も、庖丁や箸を持って前かがみになっているので、つい背中が丸まってしまって、よく娘に指摘されるけれど、いつも頭のどこかに『姿勢をちゃんとしなくちゃ』という意識があるだけでも違うのではないかしら」

また、有元さんは体調が悪くなる前にはたいてい「普段まったく食べたいと思わないもの」が無性に食べたくなったり、体が重いと感じるラインまで量を食べてしまったりするそうだ。でもそんな「バランスが傾きつつある自分」の傾向を把握できていれば、早めに立て直すことができる。

「その話を服に置き換えると、体のラインを隠すような形に手を伸ばすようになったら、危険信号かもしれない。それを防ぐためにも、所有する服のサイズには幅を持たせずに、大きな鏡を家の中のあちこちに置いているの。『こんなはずではない自分』に目をそらさないで向き合わなくては、今の私に似合うおしゃれはできないもの」

上／料理をするときのユニフォームであるTシャツは、決まったブランドの決まった形を各色揃えている。半袖はミントグリーンや水色を着ることもあるが、長袖Tシャツは潔く、白とネイビーの二色しか持っていない。下／イタリアでオーダーメイドしたカシミアニット。有元さんの素材選びの基準は「素肌で着て気持ちいいかどうか」。このニットもTシャツがわりに素肌で着る前提で、極細番手の糸を指定した。

上／作業に集中するために、服は「着ていることを忘れるくらいに」ストレスフリーでなくてはならない。その点からパンツは、エプロンの下で邪魔にならないようなスリムタイプにかぎる。古くなったらまったく同じ商品を同じブランドでリピートする。右下／ストッキングはいつもロンドンの路面店でまとめ買い。店側も有元さんが好きな品番を心得ていて、訪れるとスタッフがすぐ出してくれるという。左下／足の形のせいで、合う靴がなかなかない。だから見つけたら色違いで買っておいて、型くずれ防止に必ずシューキーパーを入れる。このひと手間をするとしないとでは、耐用年数が全然違ってくる。

プロの手を活用することで自分に合う服を長く着続けられる

体にフィットした服を、できるだけ長く着続けるために有元さんが活用しているものが二つある。一つは、オーダーメイド。69ページの黒いジャケットは、友人であるテーラーの女性が仕立ててくれたもので、生地を変えてもう一着、同じ形のブラウンも持っている。二着とも、つくったのは十年以上前だが、今でもまったく古さを感じずに着られるそうだ。また、最近はイタリアで、カシミアのVネックニットを同じ形で三色オーダーメイドした。有元さんが十八年前に家を購入し、頻繁に行き来しているイタリアのウンブリア地方はカシミア産業がさかんなため、近所にあるニットメーカーに相談してみると、快く引き受けてくれたのだという。

「普段着のTシャツがわりに着るニットだから、オーダーの際に伝えたのは、『フィットして、薄くて、素肌で着て気持ちがいいもの』。サンプル帖をめくりながら、糸の太さや色を選ばせてもらい、『アームホールは細くして』『リブの幅はこれくらい』と細かな注文も伝えた。オーダーメイドが身近にある文化のせいか、イタリア人は全般的に服のサイズ感へのこだわりが強い気がする。このニットはなかなか満足のいくものができたから、次は同じ色と形で襟だけクルーネックに替えたものをオーダーしようと思っているの」

もう一つ、日常的に活用しているのがクリーニングだ。ニットはもちろん、Tシャツやエプロン、革や布のバッグまで、すべてクリーニングに出している。Ｔシャツやエプロンは、以前は自分の手で洗っていたが、ある時期から、その時間を睡眠に当てた方がいいと考えるようになった。しかもプロの手で洗ってもらうと、家庭用洗濯機で洗うより服が傷まず、格段に長持ちするため、買い替えの頻度が少なくなったという。つまりお金の使い方としてはとても合理的な選択だった。

「毎日のようにクリーニング屋さんが取りにきて、洗い上がったものをまた届けてもらうから、Ｔシャツにもエプロンにもそれぞれストックが必要なの。だから同じものを何枚も揃えるのだけれど、枚数がたくさんあることで、一着ずつがますます長持ちするのね。私が好きな、素肌で着て気持ちいいと感じる素材感はどうしても生地が繊細だから、洗濯にも気を遣わなくてはいけない。そういう点でもプロに頼んだ方がいつまでもきれいに着続けることができる。これまで自分でやっていたことを他人に頼むことに抵抗を感じる人もいるかもしれないけれど、空いた時間を他のことに使えるのだし、長い年月で同じ家事のスタイルをずっと引きずる必要はないと思う」

しかしイタリア滞在中はクリーニングに出すと帰国前に上がってくる保証がないため、デリケート衣料用洗剤で手洗いする。それを家の中に干したまま日本に帰ってくると、次に行ったときには、シーツからキッチンクロスに至るまで、鍵を預けている隣家の奥さんが全部アイロンをかけておいてくれているそうだ。

「その家では、洗濯を80代のおばあちゃんが、アイロンがけを娘さんが、それぞれ自分の仕事という自負を持ってやっていらっしゃるの。ごく一般的な階層の普通のご家庭だけれど、普段使いのクロスにまでぴしっ

私のおしゃれを支えるもの

「旅の味方の軽い服」

右ページは、飛行機での移動に重宝しているシルクのトップスとパンツ。プルオーバータイプのトップスは裾のドレープが美しく、パジャマのようにリラックスできる着心地なのに、見た目にはルーズな印象を与えない。上は、文字通り「羽根のように軽い」ダウンジャケット。娘さんが遊びに来たときに貸したら、ほどよい暖かさの虜になり脱ぎたがらなかったというエピソードも。スポーティーなダウンとは一線を画すテーラードカラーのデザインもめずらしい。

私のおしゃれを支えるもの

「旅の味方の軽い服」

イタリアをはじめ外国との行き来が多い有元さんにとって、長時間の移動でも体が疲れない服はかけがえのない存在だ。中でもとくにお気に入りとして見せてくれたのが、通年着られる薄手のダウンジャケットと、上品な光沢のシルクのトップスとパンツ。ジャケットは有元さんのワードローブにはめずらしい水彩プリントだが、とくにイタリアではこうしたデザインを着ることもあるという。

「イタリアの田舎で黒を着ると、かえって浮いてしまうから。でもこのジャケットは、柄というよりは機能に惚れ込んでいるの。軽くてカーディガンのように着られて、冬は上からコートも着られる。鞄の中に丸めて突っ込んでおいてもシワにならないからとても便利で。イタリアは一日の中で寒暖の差がはげしいから、夏でも日が暮れると何かしら上着が必要なのだけれど、このジャケットはどんな季節でも心地いい軽い暖かさなの」

シルクの服は、ときにはパジャマがわりにするほどリラックスできる形と着心地だが、ニュアンスのあるブルーグレーがほどよく印象を引き締め、ジャケットとフラットシューズを合わせればカジュアルな外出着としても十分通用する。

「カットが洗練されていて、ラクなのにルーズに見えないのね。夏でも涼しいし、機内のシートで静電気が起きないところも快適。ウンブリアの家の近所にあるブランドのもので、イタリア的な色彩センスや素材のよさに加えて、デザイナーの人柄まで含めてすべて好き。品質へのこだわりゆえに気軽に買える値段ではないけれど、だからこそ尊敬できる相手から買えるとうれしいし、大切に長く着ようと思えるのよ」

とアイロンがかけてあるたびに、イタリアの人々の布に対する愛情の深さを見るようで、感激するわ」

有元さん自身の習慣にも、布にまつわる印象的な話があった。料理の仕事のユニフォームにしているのはTシャツとスリムパンツとエプロンだが、汚れそうな仕事のときほど白を着ると決めている、というのだ。

「白だと漂白ができるでしょう。エプロンは無地のリネン製で漂白しやすい布だし、他の色では染み抜きが難しくなってしまう。私が料理をするときの服に求めるのは、なにより動きやすいことで、たとえ汚れても後から洗えばいいとわかっていれば、思いきり作業に集中できるから」

既刊の著書の中に、ウンブリアの夕日を眺めながらワイングラスを傾ける有元さんの姿があって、それを指しながら、優雅ですね、とため息をつくと、おかしそうに笑って反論した。

「でもね、この写真を撮ったすぐ後には、大勢の撮影スタッフに出す食事を、キッチンに立ってせっせと作っているのよ（笑）。そうやって私は基本的にいつも作業をしていて、それが面白くて好きだからこの仕事を続けているのだと思う」

五感で「これがいい」と選んだものは、追求していくとちゃんと理由が存在している

ある日、有元さんが運営するセレクトショップ「shop 281」にオリーブオイルを買いにきた女性客が、と

半袖か長袖のクルーネックTシャツ、同色のリネンのエプロン、黒のスリムパンツ。これが何年も変わっていない、有元さんが料理をする日の基本スタイル。着用するたびクリーニングに出している服は、買ってから何年もたっているとは思えないほど生地の状態がいい。

てもシンプルで、しかし的確なことを言ったそうだ。「自分はそれほどオリーブオイルに詳しいわけではないけれど、いろいろ使ってきた中で、このオイルがいちばんおいしいと思う。だから買いにきた」と。

「私は、その感覚って何より大切なものだと思うの。食事の話だけではなくて、おしゃれや、あるいは政治経済とか、世の中のすべてにつながっていく話ではないかしら。つまり、すとんと腑に落ちるか、何か違うなと感じるか、その直感をたどっていくと、ちゃんとそれなりの理由がある。お客様はご存じなかったけれど、そのオイルがおいしいのは、そうなるべくしてつくられているからで、私はその背景を知っているから自分の店で紹介している。服もそうで、きちんとつくられているものは、やっぱり着ていてストレスを感じないのね。単純に素材の善し悪しというだけでなくて、工程が誠実なものは、多少値が張ったとしてもそれなりの価値を体感させてくれるもの。そのぶん大切に長く付き合おうとするし、長い目で見れば、理にかなった買い物になっていることが多いわ」

だから必ずしも、天然の素材は心地よくて、化学繊維はそうでないとも言い切れない、と有元さんは慎重に語る。それより見るべきなのは「きちんとつくられている品かどうか」、そして「自分はどう感じるか」だ。

「『どこそこのブランドのものを持っていれば安心』というのは、ちょっと違うかなと思う。私の周りには、なんておしゃれな人だろうと、会うたびにそのセンスに憧れてしまうような女性が何人かいるけれど、彼女たちに共通しているのは、別れた後で『素敵な人だった』という印象が強く残っているのに、ではどんなも

右上の『ようこそ、私のキッチンへ』（集英社）は2012年、右下の『気持ちのよい暮らし』（筑摩書房）は2002年、左の『有元葉子のシンプル和食』（講談社）は2010年発行。著書の表紙写真からスタイルの変遷を読み解こうとしても、この十年余り、ほとんど変化がないことに驚かされる。ちなみにTシャツ選びでは、襟のカッティングをとくに重視するという。

のを身につけていたのかと聞かれても、はっきり思い出せないということ。つまり、服が完全に人の一部になっていて、個性としてなじんでいるからだと思うの。逆に、洋服やアクセサリーの存在ばかり目につくのは、人とおしゃれがマッチしきれていないというケースもあるのではないかしら」

有元さんの考えるおしゃれの哲学は、「自分に合っているものを着る」ということ。そのためのサイズ選びであり、自分と向き合おうとする意識であり、ようやく巡り合えた運命の一着と長く付き合うべく手入れすることなのだ。今回の取材にあたって、有元さんが愛用するブランドを公表しないことを希望したのは、自分に合っているものは一人一人違っていて、それをがんばって見つける努力の先に真のおしゃれがあると信じているから。感覚を研ぎ澄ませて自分のスタイルを獲得することの大切さと、それを叶えたときの強さ。有元さんが語ってくれることはすべてそこにつながっていて、清々しいほどにブレないワードローブの風景とも、見事に重なって見えた。

ひびのこづえ

●コスチューム・アーティスト

柄の楽しさと、柄同士を掛け合わせる面白さ。
仕事も、プライベートのおしゃれも
ワンピースとカーディガンとストールの
基本的な組み合わせの中で、柄の変化を遊ぶ。

ひびの・こづえ／1958年、静岡県生まれ。東京藝術大学卒業後、80年代よりイラストやオブジェ作品で注目を集め、29歳でコスチューム・アーティストに。以降、広告や舞台の衣装制作で活躍するかたわら、Eテレ『にほんごであそぼ』の衣装とセットデザイン、布製品や紙製品の商品開発、展覧会やワークショップの開催など多岐に渡り活躍。www.haction.co.jp/kodue/

ワンピースは「ミントデザインズ」、カーディガンは「ズッカ」、蜘蛛の巣モチーフのストールは、ひびのさんがデザインした商品。すべて水色でトーンを揃えているため、柄同士の重ね着でもしつこい印象がなく、すっきり見える。背景にかかっているカーテンのテキスタイルも、ひびのさんが描いたもの。

長年の定番スタイルを思いきって変えたことで気持ちも動きも軽やかになった

半袖ワンピースとカーディガン、首に巻くストール、そして足もとは機能性フットウェア「ＭＢＴ」のシューズ。現在のひびのこづえさんのおしゃれは、仕事着でもプライベートでも、ほぼこの組み合わせだ。その枠の中で、各アイテムの色柄のバリエーションや、季節ごとの温度調節といった応用を楽しんでいる。

「50歳を過ぎたあたりから、それまで避けていた脚が出る丈のスカートが穿けるようになって、それだけで気持ちと体がぐっとラクになったの。あえてきっかけを探せば、ヨガをはじめて十年以上たち、コンプレックスだったO脚が少しなおってきた気がするからかな。それに旅や出張に出るとき、ひざ丈のワンピースってとても便利だと気づいて。軽くてかさばらないから荷づくりがラクだし、コーディネートに悩まないぶん身支度も早い。カーディガンやストールとの組み合わせ次第で、適度なきちんと感を出すことも可能だから」

以前は、ボトムはロングスカートで、服の色はたいてい黒、というイメージが定着していた。体型を隠したいという気持ちと、自分の仕事はあくまで黒子であるという意識からだったが、年齢とキャリアを重ねるにつれて、自分が望んでいない「黒の力」をなんとなく持て余すようになってきた。

「黒という色は、よくも悪くも威圧感が出る。あらたまりたい状況にはいいし、20代、30代で周囲に対してちょっと突っ張っていたいという時期にも便利だけど（笑）、大人が着ると、現場の中で威厳が出すぎちゃう恐れがある。私は、若い人に指示を出すより自分の体で動きたいタイプで、黒の持つそんなパワーがちょっと重たく感じるようになってきたんだと思う。それに長いスカートってやっぱり動きにくいし、流行していないときはなかなか売っていないから、実は困っていたの」

スカート丈が短くなったことで、動きが軽快になったのはもちろん、脚を隠したいという気持ちからも解放された。文字通り身も心も軽くなって、新しいおしゃれへの意欲がわいてきたのは大きな変化だった。また併行して、四年前から愛用している「ＭＢＴ」のシューズも、とくに仕事の現場でのいい影響を実感している。

「このシューズを履いていると、つねに体がゆらゆら揺れている状態で、一ヶ所に体重がかかってそこが痛くなるといった不調を防げる。大人が現場で座っているとなんだかエラそうだし（笑）、すぐサッと動けるようになるべく座りたくないから、この靴のおかげで、長時間スタジオで立ち通しの日も疲れにくくなった」

ユニークな形状のソールによって姿勢とボディバランスを整えてくれる高機能シューズだが、デザインバリエーションが豊富で、ワンピースにも合わせやすい形が見つかる。ひびのさんは、白のソールにイエローのストラップが組み合わせてあるタイプを、友人の結婚パーティーに履いて出かけたそうだ。

上／50代を迎えて新たな定番となった、ひざ丈のワンピース。右は「ズッカ」、左はひびのさんが展覧会用につくった一点ものの作品。下／テレビの収録など、立ち通しの日の体調がこの靴のおかげでかなり改善したという「MBT」のシューズ。デザインの豊富さも魅力で、右上のイエローのタイプを、93ページ下左の「ミントデザインズ」のワンピースに合わせて、友人の結婚式に出席した。

ワンピースとストールはひびのさんのデザイン、カーディガンは「ズッカ」。一色でもつながる色があれば、柄同士のコーディネートでもまとまりやすいことが、この日のスタイルからもわかる。無地の服にワンポイントで柄を取り入れるのもいいけれど、柄が二つ以上入ってくる着こなしは、おしゃれ上級者の印象がぐっとアップする。

服は着る人のアイデアが加わって変化する。そこがつくる楽しさで、着る楽しさでもある

大学卒業後はイラストレーターとして活動していたひびのさんが、肩書きをコスチューム・アーティストに変えたのは29歳のとき。子どものころからずっと絵を描くのが好きだったが、大学に入った途端にまわりはみんな絵が上手い人ばかりになって、落ち込んだという。なかなか自分の才能と実力に自信が持てず、スタイルが定まらないままイラストの仕事を続けていたあるとき、学生時代からのパートナーでアーティストの日比野克彦さんに、鋭く指摘されたひと言がきっかけとなった。

「『そんな絵を描きながら仕事していてはダメだ。でも服は面白いから、そっちを本気でやった方がいいんじゃないか』って言われて。当時、私がやっていたことの中でいちばん収入に結びついていなかったのが服の仕事だったんだけど、私にとって日比野を含む大学時代の仲間は、とても大切な存在なの。若くてお金もない時代にともにアートへの夢を追いかけていた同士、自分がやっていることをみんなに堂々と見せられないのはいやだった。衣装の仕事は、学校で専門的に服のことを学んだわけではないから、何年続けてもハードルは高いまま。でも、つくったものが自分の手から飛び立っていき、着る人やヘアメイクや写真など、たくさんの力に助けてもらって、それを客観的に眺められる楽しさがあるから続けられたのだと思う」

今も多くの人の記憶に刻まれる、雑誌『とらばーゆ』の表紙衣装にはじまり、これまでに演出家の野田秀

樹さんの舞台の仕事や、テレビ番組のセット制作、プロダクトデザインや展覧会など多彩な活動をくり広げてきたが、近年、新たに加わった仕事が、日常服のデザインだ。

「同じ着るものでも、架空の世界の服をつくる衣装制作とはまったく違う分野だから、やってみたいと思う気持ちと、自分にできるのだろうかという不安な気持ちでしばらく揺れていた。たまたまワンピースのデザインの依頼をいただく機会があり、やってみたら、自分の絵を服全体に広げて表現できるのが楽しくて。カラフルなプリントワンピースでも、着る人が自分らしいアイデアでコーディネートを工夫してくれる。自分の手から作品が飛び立っていく面白さは日常服でも同じだとわかって、今では、一生続けていきたいとまで思っている」

服は最終的に着る人の自由。そこが面白さだと感じているひびのさんは、自分でワンピースを着るときにも、ある発想で独自のバランスを工夫している。

「たいてい後ろ前に着るの。胸もとが貧弱なせいで、襟のくりが深すぎると感じることが多いんだけど、前後を逆にすることで、フロントはゆるやかなボートネックになり、バックが少し開いているデザインになる。胸を開けてないぶん背中で女性らしさを出すことができるし、カーディガンを着ればそれも隠せる」

ゆったりとしたシルエットのプルオーバーワンピースなら動きにくさを感じることもなく、あらかじめ後ろ前に着ることを想定して購入を決めるケースも多いという。自分の体型と、それをカバーする術を心得ているからこその、単純にして斬新なアイデアだ。

私のおしゃれを支えるもの

「柄のストール」

デザイナーとして、ワンピースに先がけてコンスタントに作品を発表してきたのがストールだ。布の上で物語が繰り広げられているかのようなファンタジックな絵柄と、それが子どもっぽさに転ばない絶妙なカラーコンビネーション。ひびのさん自身、毎日のおしゃれに欠かせないアイテムとして愛用している。

「無地のコーディネートのワンポイントにするだけでなく、柄同士の組み合わせもしやすいの。私は普段、とくに仕事のときは動きの邪魔にならないように、首にぐるぐるっとコンパクトに巻くことが多いのだけれど、その巻き方だと、合わせる服によって柄の見え方を自在に調節できるのね。プリントワンピースと合わせるときも、色調を揃えれば意外にさらっとまとめることができる」

　柄の裏表を判別しにくいように、ごく薄手の生地にこだわって生産している。気軽に洗濯できて乾きやすい素材は旅にも最適で、何枚か荷物に入れてもかさばらないし、一枚でも巻き方によって着回しのバリエーションが楽しめる。

「たとえばテレビの収録の仕事だと、作業で暑くなったり、強い空調でスタジオが突然寒くなったりと、体温調節がけっこう大変なの。それに首って年齢が出る部分だから、基本的には隠しておきたいという気持ちもあって（笑）、ストールは一年中手放せないアイテム。いざ買おうと思って探すと、無地か、逆に派手な柄がほとんどだから、『こういう柄なら大人もつけやすくて楽しい』と自分がちゃんと実感できるデザインを、これからも提案していきたい」

上／ストールはすべてひびのさんのデザイン。巻いた瞬間に顔の雰囲気がパッと明るくなり、でも派手すぎない。「最初は『こんな派手なの無理』って尻込みしていた大人のお客様でも、巻いてみるとよく似合うの。柄のおしゃれの楽しさに気づいてもらえたらうれしい」下／右は、ひびのさんがデザインしたワンピースに、「スナオクワハラ」のカーディガン。左のワンピースは「ミントデザインズ」で、体型に合わせて後ろ前にして着ている。ストールはどちらもひびのさんのデザイン。

右上は大学１年、当時よりカップルだった夫の日比野克彦さんと。ジーンズは「ドゥファミリィ」。右下は大学卒業の謝恩会。着物は借り物だが半襟はこだわって探した。左は40歳。克彦さんと共用のメンズシャツにロングスカートが長年の定番スタイルだった。

ポップな生地からもらう刺激がアートの原動力になったし、今も自分とファッションをつなぐのは柄だと思っている

ワンピースは、自分がデザインした商品以外は「ズッカ」と「ミントデザインズ」で買うことが多く、ストールはほぼ自身のデザインのものを愛用している。85ページの例が象徴的なように、よく見ると柄のアイテム同士をコーディネートしながらも、くどい印象を与えない着こなしに長けているのは、ひびのさんが柄からもらってきた刺激や、現在も柄に注いでいる情熱が関係しているかもしれない。

「住んでいた吉祥寺や大学のあった上野の古着店をよくのぞいていた。そこにはさまざまな年代や国のポップなデザインが集まっていて、私にとってはまるで生地の展覧会のようだったの。その興奮がアートの原動力になっていったのはたしかだし、今も、自分が服をつくる意味は、絵を描いて柄にすることにあるんじゃないか、という自負を持っている」

つねに第一線で活躍するアーティストでありながら、仕事もおしゃれも実は悩みと葛藤の連続だったことが言葉の端々にのぞくが、それでも、今のひびのさんの軽やかなたたずまいから想像できるのは、その両方を自然体で楽しめる年代に入ったということだ。たとえコンプレックスがあっても、時間と経験を積み重ねながら少しずつ自分を解放していける心の変化。それこそが女性を輝かせる大きな力になるのだろう。

横尾光子

服飾デザイナー・カフェ店主

体がつらかったり、気持ちが沈んだり
そんなときはおしゃれで自分を奮い立たせてきた。
救いを感じるものは人それぞれだろうけれど
私にとっては「好きな服」がその力を持っているの

よこお・みつこ／1948年、兵庫県生まれ。子育て中に子ども服のデザインを経験し、介護をしながらアロママッサージサロン経営をした後、2005年に吉祥寺で「お茶とお菓子 横尾」をオープン。空間センスの良さで一躍人気店となる。2008年に立ち上げたファッションブランド「クロロ」は同世代のおしゃれな女性たちから強い支持を集める。www.sidetail.com/chloro-index.html

色合いはシックなのに強いインパクトのある「クロロ」のシャツワンピースは、濃いブラウン地に大粒の黒い水玉柄、裏地はハッとするようなパープル。「クロロ」のくるぶし丈のパンツと、「コム デ ギャルソン」の靴の間に、真っ赤なソックスをちらりのぞかせるところにも、おしゃれに対する「攻めの姿勢」を感じる。

横尾光子

体型をカバーしながら緊張感を残すコツは どこかでシャープな印象をつくること

小柄なのに、遠くからでもすぐ見つけられるほど、強いオーラの持ち主である横尾光子さん。おしゃれな大人の女性たちに大人気のファッションブランド「クロロ」のデザイナーで、吉祥寺の人気カフェ「お茶とお菓子 横尾」の店主でもある。トレードマークは、色白の肌が映える潔いベリーショートヘア。服はもちろん主に「クロロ」で、ちょっぴりアヴァンギャルドな雰囲気の黒、とくに水玉柄であることが多い。

『クロロ』は、自分の体型が年齢とともに変わってきて、それまで着ていた『コム デ ギャルソン』がカッコよく着られなくなって困っていたところに、同じような思いをしている同世代の友人から背中を押されてつくったブランド。だから、見た目にはほどよい緊張感があり、でも着心地はラク、というのが、デザインするうえでいちばん大切にしているポイントなの」

体型カバーと緊張感を両立させるために意識しているのは、必ずどこかにシャープな部分をつくることだという。たしかに、服の下の体のラインは目立たないのに、横尾さんの印象がいつもキリリとしているのは、そこに秘密があるのかもしれない。

「たとえば私の場合、首が長くてなで肩なので、襟がない服だとしまりがない感じになってしまう。だから必ずトップスは襟つき。あとは年齢とともに体型がくずれてくる共通の場所だと思うけれど、お腹、お尻、背中をカバーするために、上下を分断しない長めのコートやジャンパースカートを着る。洋服をカッコよく着るためのコツって、何歳であっても、まず自分の体型を知ることだと思うの」

太ってしまった体を隠したいと思うのは、誰でも同じ。けれどそこから一歩踏み込んで、隠しながらも「おしゃれな人」と見てもらえることをあきらめない、その心意気こそが「クロロ」の服が支持される所以だろう。服の裏地というちょっとマニアックなディテールにも、その姿勢を感じ取ることができる。

「黒い服の裏地に、ハッとする色を忍ばせるの。いちばん多いのは紫色の裏地で、黒と紫の組み合わせがとにかく好き。こういう鮮やかな色の裏地のように、ちょっとしたデザインのポイントがあると、他人の目が最初にウィークポイントに向けられてしまうことを回避できるから、それも体型カバーといえるでしょ」

もう一つ、横尾さんがこだわる細かな仕様が、コートはもちろんパンツやワンピースにもポケットをつけること。デザインというより機能として欠かせないそうだ。

「昔はそれほど服のポケットの有無を気にしなかったけれど、だんだん自分が、駅の改札で切符を探して焦ったり、『あれはどこにしまったっけ』とバッグをごそごそ探すようになってきた。ポケットがあると、そういうモタモタしている人にならずにすむから、今は絶対に必要なパーツだと思っている」

右ページ、右上、左上／コートの袖や襟もとから「クロロ」のボタンダウンシャツをのぞかせて。「このシャツ、ボタンダウンの位置がちょっとだけ変わっているの。こうした自分だけのこだわりポイントに人の視線が向けられると『あ、見てくれた』ってちょっとうれしくなる（笑）」。下／ジャンパースカートは、前後見頃の中央に太いサテンリボンを貼り、縦長ラインを強調。そして裏地は、やっぱり紫。

たとえ病院でもおしゃれをあきらめないことでこれからも生きていくための活力をキープできる

横尾さんは２０１４年の一年間、膝の手術とリハビリのために「クロロ」の活動を休止していた。関節治療を専門に行う島根県の病院で数ヶ月間過ごしたが、入院患者という立場になっても、おしゃれをあきらめなかったというから、さすがだ。

「入院生活を見越して、用途はガウン、でも退院したら軽いコートとして着られる服をデザインしていたの。自分の必要性からつくった服だったけれど、出産を控えている妊婦のお客さんが買ってくれたりして、病院でもおしゃれをあきらめたくないと思っている人はやっぱりいるんだと思った。入院中も、先生に診察していただくときに脱ぎやすくなっている病院規定の服があったのに、私は絶対に着るもんかと思って（笑）、サンダルに至るまで自分のお気に入りのもので通したのよ」

病院でも、いや病院だからこそおしゃれをがんばるという横尾さんのポリシーは、40代から50代にかけて、自分と夫の親を三人続けて介護した時代から貫かれている。当時はもっぱら「コム デ ギャルソン」を着ていたが、病院に向かうときも、黒ずくめではふさわしくないため花柄を加えるなど工夫をしながら、日々バリッと決め込んで電車で通っていたという。

「暗い気持ちに押しつぶされてしまいそうな状況でも、おしゃれで自分に気合いを入れることで、『よし、負けないぞ』ってなんとか跳ね返すことができたの。なにも病院でそんなにがんばらなくたっていいじゃない、と思われても、がんばることで自分を奮い立たせられた。つらいときに救われるものって、人によっていろいろだと思うけれど、私の場合、それはおしゃれをすることなの」

これからは、自分を含めて、おしゃれが大好きな気持ちのまま、体は年齢を重ねていく人が多い時代になる。入院や通院の生活になってもおしゃれをあきらめずに、そこから活力をもらえる服の必要性を、横尾さんは今回の入院生活でも痛感したにちがいない。そして、これからの「クロロ」の役割についても、きっと具体的な構想が膨らんだことだろう。

好きなものが子ども時代から変わらないなら今の自分に似合うバランスを突き詰めて考える

横尾さんのおしゃれを観察していると、それは揺るぎない好みと自分なりのルールに沿って形成されていることがわかる。しかもその好みの一つ一つは、ほとんど子ども時代からずっと好きなもののようだ。

「水玉も、丸襟も、ジャンパースカートも、すべて子どものときに母がつくって着させてくれた服がルーツ。単につくりやすさからシンプルなデザインだったのだろうけど、これが三つ子の魂というものなのか、デザインする立場になると、昔着ていたものが自分の好きな服のベースになっていることがよくわかった」

私のおしゃれを支えるもの

「水玉」

右ページのTシャツは、大粒の水玉のインパクトで一枚でも着やすいデザイン。上／「クロロ」のファーストコレクションで制作したブラウスとスカート。春夏を意識してめずらしく白にトライしたら、これをきっかけに大好きな色になった。右下／「クロロ」のボトムの定番であるワイドパンツ。左下／一見ギャザースカート風のキュロットは、お腹まわりをすっきり見せるパターンにこだわっている。

横尾光子

私のおしゃれを支えるもの

「水玉」

日々のおしゃれも「クロロ」のコレクションも、この柄を抜きにしては成立しない。そう言い切れるほど、横尾さんのトレードマーク的存在になっているのが、水玉柄だ。コート、シャツ、パンツ、Tシャツ……すべてのアイテムにおいて、トレンドも季節も関係なく水玉の服をつくり、着ている。

「水玉好きなのは、子どものころから。単純な柄で、生地が買いやすかったのだと思うけれど、よく母が水玉柄の服をつくってくれた思い出がベースになっているの。水玉はドットの大きさや配色で印象がすごく変わるから、大人が着るならちょっぴりアヴァンギャルドな雰囲気にした方が似合うと思う」

「クロロ」の販売会では、最初は水玉というだけで二の足を踏んでいた大人の女性が、試着してみたら意外なほど似合って驚く、というケースが多いそうだ。それと似たパターンで、横尾さんの定番ボトムであり、「クロロ」でもつくり続けているワイドパンツは、どんな身長の人が穿いてもカッコよく決まる形を追求した一本。これの水玉柄は、ワンピースやコートの下に重ねて柄を少しのぞかせる着方もお気に入りだという。

「柄は子どものころから好きなものでも、素材はあくまで大人の感覚を重視する。年齢を重ねるにつれて、肌触りがよくない服はそのままストレスになるから。つくる立場としては、素材にこだわるとどうしてもコストがかかってしまうけれど、おしゃれから元気をもらうためには目をそらしてはいけない要素だもの」

こだわりの素材と定番柄の組み合わせは、おしゃれ上級者のムードを醸し出し、モノトーンの服でも、どこかポップな魅力にあふれている。

大人のおしゃれにつきものである「好きなのに似合わなくなった」という壁は、今の自分に似合うバランスを突き詰めて考えることでクリアできるという。たとえば丸襟ならば、ぺたんと平面的な襟は少女っぽさが強いが、襟腰が少し立ち上がっているだけで、ぐっと大人っぽい雰囲気になる、というように。

「好きなものは好きだから、いくつになってもそれと付き合い続けようとするしつこさが私なのかも。髪型もずっとショートヘアで、若いときは髪が短いと不良っぽいなんて言われた時代なのに（笑）、顎より下に伸ばしたことがないし。そういえば、今履いている『コム デ ギャルソン』の靴も、もう何回底を張り替えているかわからないくらい、長く履いている」

髪型、服の色、襟の形など、会った瞬間に目に入ってくる印象がつねに安定していることで、個性が明確になり、それが「いつもおしゃれな人」というイメージにつながる。自分が好きなもの、長所短所を知りつくした大人ならではのスタイルのつくり方だ。

閃いて決めたことが、振り返れば線でつながっている。人生はそんなことのくり返しだと思う

兵庫県で生まれ、父親も結婚した夫も転勤族だった横尾さんは、関西から関東へ、ある時期は北海道へと日本の各地を転々としながら暮らしてきた。25歳で結婚し、30歳までに三人の子どもを出産。子育て期は、

プルオーバーシャツは、「クロロ」の展示販売会のため訪れた京都で、「アーツ&サイエンス」に立ち寄って購入した一着。一年間の療養を経て、ファン待望のブランド再開、カフェの方も十周年を迎えるなど、以前にも増して充実した日々がはじまったようだ。

幼稚園のお母さん仲間と一緒に子ども服をつくって、自宅を店にして売っていた。

「専門の学校に通ったことはないけれど、母の服づくりをずっと見ていたし、嫁入り道具にミシンも持たされていたから、いつのまにか自分でも服が縫えるようになっていた。わが子に着させたいシンプルな服がない、という単純な動機だったけれど、あのときの経験が『クロロ』をスタートするうえでの自信になったと思う」

入院中に着ようと思ってデザインしたガウン。脱ぎ着がしやすく、けれどパジャマより緊張感があっておしゃれ心が満たされる。退院後は薄手のコートとして活躍中。

上の写真は30代前半、親戚の結婚式で。ベリーショートヘアと和服の組み合わせが粋。右は20歳。母親が縫ってくれたワンピースを着て。下は25歳。結婚したばかりのころで、奈良に住んでいた。「この服も母の手製。シンプルな形のワンピースをよくつくってくれた」。

子育てが一段落すると介護が始まり、それと並行してマッサージの勉強に取り組む。有名な先生について指圧やアロマを学び、病に伏した親たちの体を揉んで癒すことができた。開業したマッサージサロンも好評だったが、忙しすぎて体調を崩してしまい、やむなくクローズする。その後しばらくして、夫の趣味が高じて始めた日本酒と和食の店を手伝うものの、お酒が飲めない体質と、昼夜逆転の生活がしんどく、何か別の新しいことはできないかと考えていた矢先、ふと通りかかった空き物件にひと目惚れ。そのまま店舗契約を決める。

「契約しちゃってから、カフェをやることを閃いたの。ちょうど父が亡くなった後で、子どものころ父にしょっちゅう喫茶店に連れて行ってもらった思い出が懐かしかったから……私の人生、そんなことのくり返しね（笑）」

しかし横尾さんの洗練されたセンスが生かされた「お茶とお菓子 横尾」は、たちまち吉祥寺の人気カフェに。そこへ雑誌『アルネ』の取材でやってきた大橋歩さんと交流が始まり、お互いのおしゃれについての悩みを語り合ううち、すすめられて「クロロ」を立ち上げようと決めたそうだ。

おしゃれは頑固なまでに自らの世界を貫き、人生は流れに身をまかせるかのように柔軟。しかし、すべての経験は線となりつながっている。横尾さんの人柄も、その服も、芯の強さと寛容さの両面が魅力的なのは、きっとその生き方が表れているからだ。

中島デコ

●マクロビオティック料理研究家

誰がどんな思いでつくったか
そこまで見据えて買い物をする。
作り手が同じ方向を向いている人なら
それは自分のエネルギーになっていく

なかじま・でこ／１９５８年、東京都生まれ。16歳でマクロビオティックに興味を持ち、五人の子どもの出産と育児で玄米菜食の奥深さを実感。１９９９年に家族で千葉県いすみ市へ移住し、自給的生活を実践する「ブラウンズフィールド」を設立。カフェ「ライステラス」、宿泊施設「慈慈の邸」の運営や、料理講師の活動を通じて、自然とともにある食と生き方の大切さを伝えている。著書に『中島デコのマクロビオティック 玄米・根菜・豆料理』『小さな子のマクロビオティックおやつ』（ともにパルコ出版）など多数。www.brownsfeld-jp.com/

植物で染め上げたアースカラーの服と、天然素材のアクセサリー。「ブラウンズフィールド」を訪れると、中島さんのおしゃれが、このスタイル以外には考えられないことがよくわかる。「もちろんヒールの靴は持っていない。だって畑に埋まっちゃうじゃない（笑）」

地球に負荷をかけたくないと考える人たちと
その作品を通じてつながり合いたい

中島デコさんにとっておしゃれは、現在の関心事としてとくに優先順位が高いわけではなく、それだけを目的に服やアクセサリーを買うこともない。けれど、生き方が透けて見えるおしゃれという意味では、強い説得力を持つ人だ。写真家の夫と営む「ブラウンズフィールド」で、自給的生活を送る中島さんは、自然に根ざす暮らしの体験を求めて世界中から集まってくる人々に、マクロビオティック食の魅力を伝える料理家。東京生まれの東京育ちだが、十六年前にこの地に根をおろしてからは、都市の経済サイクルやファッションの流行からは距離を置き、地元で交流のある作家たちのハンドメイドの服やアクセサリーを身につけるスタイルが定着している。

「暮らす土地、食べるもの、着るもの、私にとってはすべてつながっていて、おしゃれだけ切り離してどうこうという意識はない。都会から離れていることと、年をとったせいもあって(笑)、今年の色とか丈とかも、全然気にならないし。それより、自分が身につけていて気持ちいい素材か、好きな色か、リラックスできるか、そういうことが大事なの。しかもただ気持ちいいだけではなくて、誰がどんな思いでつくったものなのか、その顔が見えるものを取り入れたいという考えは、食べ物とまったく同じ」

「ブラウンズフィールド」周辺には、中島さん一家のように他の土地から移住してきて、農業をしながら創作に励んでいるハンドメイドの作家たちが多い。近年愛用している草木染めのブランド「kitta」も、現在は拠点を他県に移したそうだが、最初はご近所同士として出会った。中島さんは、身近なクリエイターたちのモノづくりの情熱と技術に「一票投じる気持ち」で、作品を買って身に着ける。

「肌に触れるということは、いいものでも悪いものでも細胞にはたらきかけると思うの。口から入れる食べ物の場合は『できるだけ自然に育った野菜や穀物が体にいい』ってわかりやすいんだけど、服や下着も、肌から体の内部へ入っていくものがあるはず。たとえば、子どものころから紙オムツとナプキンで、下着まで化学繊維という人が、婦人科系の病気をきっかけに、布ナプキンやふんどしに変えたら治った、なんて話を聞くと、やっぱりそうだよね、ってすごく納得する」

自然食やマクロビオティックの世界では、ローフード志向の人、添加物を一切摂らない人などストイックさはそれぞれだが、中島さんは「基本の部分が同じ方向を向いていればつながり合える」と信じている。「同じ方向」とは、「これ以上地球に負荷をかけたくない」という思いでいること。

「そこさえ同じなら、料理でいう『発酵』みたいな感じで、互いにつながり合って、ふくらんで強くなれる。服だって、作り手のまっすぐな思いが込められたものを着ると、細胞が喜んでいるのがわかるもの」

右ページで着用しているアイテムはすべて「kitta」。草木染めのイメージを覆す、カラーバリエーションの多さと美しさを中島さんは絶賛する。右上／ターバンにしている布は、風呂敷やおくるみにもなる。「草木染めには薬効があるから、赤ちゃんの肌に触れさせるのにもいいのよ」。左上／ゆったりしたシルエットのワンピースは、一枚で着るだけでなく、冬の重ね着もしやすい。下／取材の数日前に、三人目の孫をプライベート出産で取り上げたばかりだった。

体と自然がいい流れで循環していると願いが叶いやすくなると思う

草木染めの色鮮やかな服が、農場の緑に美しく映える。中島さんのように、世へ発信したいメッセージを持つ人にとって、その生き方を体現するおしゃれは、活動の強いパワーとなり得るのではないだろうか。最近中島さんの身に起きたいくつかの出来事について聞かせてもらいながら、ふとそんな考えが浮かんできた。

「自然のサイクルに沿って生きていると、体内の循環がよくなるからなのか、自分からエネルギーを出したり、逆に引き寄せたりする力が強くなって、願ったことが叶うスピードも速くなっていく気がするの。たとえば、軽トラックが壊れて困っていたら、別のトラックを譲ってくれる話が舞い込んできたり、娘が結婚したとき『近くに小さい家でも見つかるといいね』って話していたら、理想的な物件を格安で買えることになったり。私がマクロビオティックを知ったのは、16歳のときに年上の友人から教えてもらったのが最初で、そのとき借りた本に、今自分が感じているようなことも書いてあったけれど、『ちょっとうさんくさいな』って思っていた。でも、この年になってやっとわかったの。自然に近い暮らしをしていると、自然が自分を応援して、健やかな願いなら叶えてあげようと力を貸してくれるんじゃないかって」

中でも驚いた一件は、中東の国でマクロビオティック食を実践する人から、海を越えてのプライベートレッスンを依頼され、メールでやりとりを重ねた後に、夫や助手と一緒に現地へ出向いて行ったこと。言葉や環境の壁を越えて通じ合えると感じたその相手とは、今後も定期的に招かれる形でレッスンを続けることになったそうだ。

「あまりにスケールの大きな話に、最初は戸惑った。でも、自分がいいと信じることを外国の人にも伝えられるなんて光栄なこと。これはただの幸運や偶然ではなく、マクロビオティックを続けてきたからこその必然と感じている。だって、私が若いころみたいに不規則で添加物だらけの食事でダラダラ暮らしていたら、こんな人生の展開はなかったと思うもの」

中島さんを招いた相手は、きっとメディアに登場する彼女の姿を見ながら「どんなに遠くてもこの人にマクロビオティックを教わってみたい」と心を決めたのだ。そこにはきっとおしゃれが導き出すイメージが効果的に働いていたはず……そんな推測をしてしまう。

私のおしゃれを支えるもの

「天然素材のアクセサリー」

草木染めの服にこれ以上望めないほどマッチしているのが、エスニックなテイストのアクセサリーだ。木や石や革など、自然素材の美しさが際立つものばかりで、パーツを揃えて自分でつくったものもあれば、これまで旅してきた国内外の土地で「出会うように」手に入れたものも多い。

『これはニューヨークの道端でヒッピーの青年から買ったっけ』『これは家族でオーストラリアを旅したときのもの』『これはアフリカ旅行のとき』……ひとつひとつにストーリーがあって、身に着けるたびに思い出が蘇るのが楽しいの」

左ページ右上の写真で着けている青いピアスとお揃いのネックレスは、近所に住むマクラメ編みの作家に、糸の色や石の希望を伝えてつくってもらったもの。「kitta」のストールとの美しい調和は、手仕事から生まれたもの同士が、互いに響き合って醸し出している必然のものだろう。

「顔が見える関係の人がつくったものって、触れていて落ち着くの。食べもので言えば『生産者が見える』という感じかな」

「服は気持ちよくてラクチンなのがいちばん」と明るく言い放つ中島さんだが、これらのアクセサリーは、彼女が生きる姿勢をより強くアピールする役として働いている気がする。単に「おしゃれな人」を目指しているだけではまとえない、メッセージ性を持ったファッションの重みとカッコよさが、さまざまな思いが詰まったアクセサリーたちからも伝わってくる。

「旅に出ると『私を呼んでいるアクセサリーはないかな』ってつい探してしまう」。大きめのサイズ感やハッとする色味でインパクトを放つアクセサリーは、リラックスしたシルエットの服にアクセントを加え、印象を引き締めてくれる効果もある。

左上の写真は14歳のころ。自分で縫ったワンピースを着て、銀座の歩行者天国へ出かけた日、カメラマンに声をかけられて、モデル気分で撮ってもらった一枚。 右は44歳。田舎暮らし三年目のころに、写真家の夫・エバレットさんと。この地に越してきてから、自然にオーガニックコットンや草木染めの服が増えた。左下は4歳。サスペンダーつきサーキュラースカートと背後のテレビから、昭和30年代の空気が伝わってくる。

なにも飾らずにそのままの私でいいと言ってくれる夫と出会えたことで内側から解放された

四人姉妹の長女として育った中島さんは、大家族の生活が楽しかったため、自分もたくさん子どもを産みたいと思っていた。20代は劇団で演劇に熱中し、お酒と煙草の毎日を送ったが、最初の結婚を機に、10代のころから興味を持っていたマクロビオティック食の生活を本格的にスタートする。その後、離婚と再婚、五児の出産を経験し、取材に伺った日は長女の出産で三人目の孫が誕生したばかりというタイミングだった。

「今の夫と出会えて、すごくラクに生きられるようになった。彼はアメリカ人だけれど、人を、人種や性別や年齢などで区別しない。私が坊主頭みたいに髪を刈っても『かわいい』とほめて、取材を受ける日にお化粧すると『必要ないのに』って不満そうに言う人。そのままの私でいいと言ってもらえることで、内側から自由になれた気がする」

心強いパートナーと、子どもたち、孫たち、「同じ方向を向いている」仲間たちに囲まれて、地に足を着けて暮らす楽しさを世に発信する。その生き方にブレがないから、中島さんのおしゃれにはパワーがあるのだ。海や大地や花のような色の服を、これほど自然にまとえる人は、なかなかいない。

若山嘉代子

グラフィックデザイナー

大人としての立場をわきまえながら
自分らしい個性も表現するって難しい。
その方法論としてたどりついたのが
コートと靴にポイントを置いたスタイル

わかやま・かよこ／1953年、岐阜県生まれ。武蔵野美術大学卒業後、アートディレクターのアシスタントを経て27歳のときに、大学時代の友人の縄田智子さんとデザイン事務所「L'espace」を設立。堀井和子さんや有元葉子さん、平松洋子さんの著作をはじめ、料理を主にライフスタイルからエッセイまで幅広いジャンルのブックデザインを手がける。www.lespace.jp/

取材は、若山さんの姪御さんが友人と主宰するブランド「ヌーイ」のアトリエで。一緒に暮らしていた時期もあるほど仲の良い叔母と姪の関係で、この日のコクーンシルエットのノーカラーコートも「ヌーイ」だ。靴は「サンローラン」で、「エナメルの質が柔らかくて、足に添うような素敵な履き心地」だそう。パンツは流行と関係なく、くるぶし丈のスリムパンツが定番。紙のような不思議な質感に惹かれたという白いシャツは「ソフィードール」。

若山嘉代子

きちんとした印象の中に好きなテイストをどう差し込むか　そんな大人のおしゃれを模索しているところ

この本の装幀も手がけている人気デザイナーの若山嘉代子さんは、スラリとした体型に、きりっとしたショートヘアとメンズライクな着こなしがよく似合う、誰もが一見して「おしゃれな人」という印象を抱く女性だ。ところが本人は「まだまだ迷っている最中なのよ」と困ったように言う。迷いのポイントは、自分らしいおしゃれと社会的な立場との折り合いのつけ方にあるらしい。

「見るからにブランドもので全身隙なくキメるより、『ちょっとハズす』のがおしゃれだし、そういうセンスを目指したいと思って生きてきたの。でも年齢と立場的に、ただ自分が好きなものを着ているという恰好ばかりでは、意図してなかった『ハズし』になってしまう怖さが出てきた」

たとえば、仕事先の大事な会議にデザイナーとして出席するとき。「この人なら任せられそうだ」という説得力のようなオーラが周囲からは求められている。それはわかっていても、単にスーツを着て出かければいいという話ではないし、それでは自分らしくない。相手や場に対して礼を尽くすと同時に、個性を感じてもらえるおしゃれとはどういうものか、その答えを探している。

「とりあえず一つの案としてたどりついたのが、どんな日もコートと靴だけはちゃんとしている、というスタイル。靴はもともと大好きで、ヒールのないメンズっぽいシューズを見つけてはつい買ってしまうタイプなの。コートの方は、ファッションデザイナーの姪が手がけるブランドの品を毎シーズン買って着るうちに、定番のコートを一枚持って着続けていたころとは違う、日々のおしゃれが活気づく感じが新鮮で」

「いかにも高価には見えないけれど実は上質なもの」を選んできた若山さんが、自分のテイストを守りながらきちんとした雰囲気も演出できるのが、コートと靴から組み立てていくおしゃれなのだ。目が行きやすいアイテムが印象的だと、初対面の相手ともファッションの話で盛り上がることができたり、そこからのコミュニケーションがスムーズだったりと、いい展開がある。靴好きという言葉を裏づけるように、ずらりと並んだシューズはどれもピカピカで、聞くと、脱いだら必ずシューキーパーを入れ、ブラシとクリームを使っての手入れを定期的に行っているそうだ。

「コートと靴のほかは、しゃきっとした素材のシャツに、くるぶしが出る丈の細身のパンツが定番。バッグは、それこそハズしの役になるような、カジュアルな袋っぽい手提げがずっと好きだったの。でも『もっと大人らしくしなくちゃ』という意識が芽生えてからは、素材がレザーで、小ぶりなサイズのバッグを愛用している。ボストン型だと、見た目は小さくても荷物がいっぱい入るし、でも持った感じはスマートだから、人からほめてもらうことが多い」

上／メンズライクなシューズが大好きな若山さんの、現在の「第一軍」メンバー。右から「J・Mウェストン」「ロベール クレジュリー」「トッズ」「3・1 フィリップ・リム」「ジル サンダー」。基本的なケアとして心がけているのは、毎日続けては履かないこと。そして、必要なものには買ってすぐに底を貼り、シューキーパーを入れて、定期的にブラシやクリームでお手入れすること。下／ただいま模索中の「きちんと見える大人バッグ」は、形と素材はかっちりめという条件でいろいろ試しているところ。

センスを磨くためには月謝を払うもの。買い物と失敗をくり返してスタイルを探していく

取材のために、幼少期から現在に至るまで、たくさんの写真を用意してくれていた。父親が印刷所を営む家に育ち、小学生の時点で文集に「本のデザイナーになりたい」と書いていた若山さんは、テスト用紙を科目ごとに綴じて一冊ずつ装幀を考えるような、根っからデザイン好きな子どもだった。美大でグラフィックを学び、卒業後は有名アートディレクターのアシスタントの職を得るも、当時は与えられた仕事に面白さが見出せずに、退職して結婚という道を選択する。

「ところが結婚はもっと向いていなかったみたい。それで離婚して、27歳のときに友人とデザイン事務所を立ち上げたんだけど、なかなか思うような仕事ができなくて。なんとなく、人から見られている自分と本当の自分にギャップを感じながら、モヤモヤする時期が続いていた。そのころの写真を見ると、内面の迷っている感じが服の着方にも出ている」

そのトンネルを抜けられたと感じたのが、31歳のとき。思いきって仕事を半年間休み、ニューヨークへ行った。海外の斬新な料理本にたくさん出会えたことで、これからやっていきたい仕事の方向性が見えたという。充電を終えて帰国すると、数日後に食品メーカーの定期刊行物の企画が舞い込み、そこからは、たくさんの料理家たちとの仕事とともにブックデザインの幅も広がっていった。

「バブル期だったから、華やかな出版記念パーティーがしょっちゅう開かれていた。そのころになると、モヤモヤの20代とは打って変わって、写真の顔つきもファッションも『仕事に燃える強い私』を打ち出そうとしているのがわかる。『コムデギャルソン』でスエードのフレアスカートをがんばって買ったこともよく覚えているし、『ヨウジヤマモト』も『プラダ』も、似合うかどうかより『これを着たい！』という気合いだけで着ていたけれど、昔からおしゃれだった母が『センスを磨くにはそれなりに月謝を払わないと無理よ』ってよく背中を押してくれた。思いきって買って、でも失敗して、それをくり返しながら自分のスタイルは定まっていくもの。なにげなく聞いていたその言葉を最近よく思い出すのだけど、今でも『自分のおしゃれはこれだ』という答えは見つかっていない。だからこそ、いつまでもおしゃれが楽しいのだと思う」

買い物が好きだからワードローブの整理がなかなか追いつかないが、ものへの愛情が深い一面をのぞくような、ちょっと面白い話を聞いた。コートでも靴でも、スポーツ選手のように「一軍」「二軍」「三軍」として役を与え、二軍や三軍は、天気が悪い日に登板させるというのだ。

「一軍から落ちちゃったのは、単にそれがちょっと古くなってきて、新しいものが入ってきたせい。デザインは気に入っているし、ボロボロという段階までは行っていないから『今日は新しい服や靴で出かけたくないな』というお天気の日に出番を与えるの。とくに靴は、いわゆる雨の日用の素材のものを買ってみたこともあるけど、どうしても中途半端なおしゃれになってしまって、しっくりこない。私の靴はゴム底のものが多いから、雨の日でも問題なく履けるしね」

七分丈のコートは「ヌーイ」、靴は「チャーチ」で底がゴムのタイプ。バッグは最近お気に入りの「グローブ・トロッター」のスモールボーリングバッグというモデル。「見た目以上に収容力があって、ポケットや仕切りも使いやすいの」。コートの中にはシルクのボウブラウスを軽やかに合わせて。

若山嘉代子

デザイナーの性《さが》なのか、シンプルな服にはハッとする色や柄を差したくなる

コーディネートのどこかに「ハズし」のポイントをつくりたくなるのは、デザイナーの性《さが》のようなもの。現在の若山さんは、コートと靴できちんとした印象のベースをつくり、その上でスカーフやストールで抜け感を加えるスタイルが多い。アクセント役の布が並ぶと、明るいオレンジやピンク、ユーモアを感じる柄など、そのインパクトに思わず感想をひと言述べたくなるものばかりだ。

「クスッと笑えるイラストや、あたたかみのある色を、ベーシックカラーの服に合わせるのが好き。よく『差し色』と言うけれど、私の場合は『差しモノ』という感覚かも。『そのスカーフ、何の絵が描いてあるんですか』って気軽に話しかけてもらえると、口下手でシャイな性格としては助かるし（笑）、こういうもので遊び心を取り入れても、素材が良ければ大人っぽさはキープできると思うから」

23歳の初めてのパリでの写真には、ハーフコートに、横尾忠則さんのイラストが描かれた「イッセイ ミヤケ」のスカーフを巻く若山さんが写っていた。ほかにもコートとスカーフ姿の写真は、各年代で見つかる。

「パリでつけていたのは、たしかサルの絵がたくさん描いてある面白い柄のスカーフだった。そういうのが好きなところは、四十年たっても変わらないのね。でも確実に変わったのは、コート丈。昔はハーフコートを買うことが多かったけれど、今はカジュアルすぎる気がして、手が伸びないの」

私のおしゃれを支えるもの

「コート」

コートは、若山さんの中でその位置づけが近年大きく変わったアイテムだ。以前は、ベーシックなデザインの一着をずっと着続けるつもりで買うことが多かったが、現在は、姪の若山夏子さんが友人の平山良佳さんと主宰するブランド「ヌーイ」で、ほぼ毎シーズンのように新しいコートを選んでいる。

「素材とシルエットへのこだわりがいいし、一見デザイン性の強いコートも、ちゃんと着やすくて全身のバランスが決まりやすいのが気に入っているの。軽い仕立てのものはロングジャケットの感覚で、室内でも着たままでいられる」

他人から見てまず目が行くところ、つまり「つかみの部分」にファッションのポイントを持ってきてしまえば、ほかの細かいおしゃれにそれほどがんばらなくてもよく、コーディネートに悩むことが減ったそうだ。

「定番的なコートを買っていたときは、もちろん気に入ってはいるのだけれど、ある時期からはもうどこかで飽きちゃっている自分がいて、『でもせっかく高かったし、長く着なくちゃ』という思いで着続けていた気がする。毎シーズン買うようになってから、数が揃っているせいで日々あれこれ着替えられるのが楽しいし、ちょっと冒険的なデザインがワードローブに加わってくると、おしゃれにはずみがつくみたいで」

あくまで「流行ものをワンシーズンで着倒す」という考え方ではないのは、若山さんがそれぞれのコートを着るたびに、ブラシで丁寧にケアしている姿勢に表れている。そうして大切にしながら数を揃えていると、一着あたりにかかる負担が減って、それぞれの現役期間が伸びるという利点もあるかもしれない。

私のおしゃれを支えるもの

「コート」

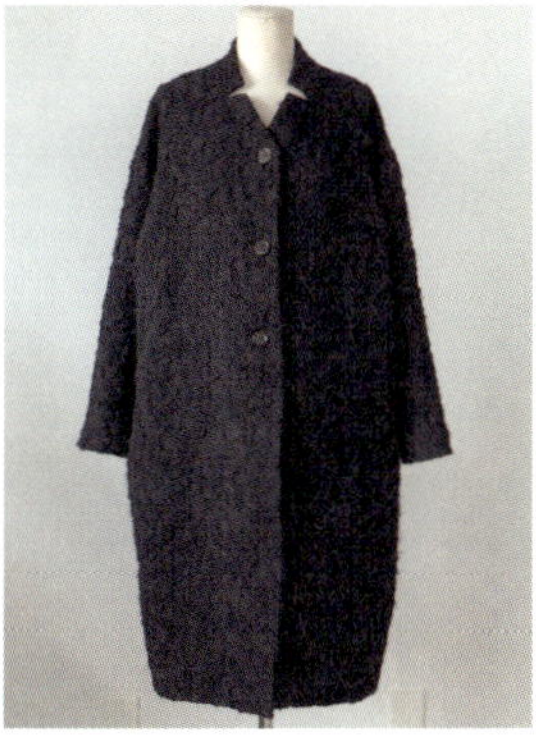

コートはすべて「ヌーイ」。季節のはざまに活躍する生地も、冬本番用の素材もあるが、いずれもジャケットやワンピース感覚で着られる、軽さのあるデザイン。右ページのように、遊び心のある絵柄や色のスカーフを襟もとにあしらいながら着るのが好き。
左／「差しモノ」感覚で取り入れるスカーフ。目を引くデザインが会話のフックとなって、初対面の相手ともコミュニケーションがスムーズになる。

左上の写真は40歳。シェーカーの本の制作のためにアメ車で北米を回った、楽しい仕事だった。右上は、初めてパリを旅した23歳。襟もとのスカーフはサルの柄。右下のゆかた姿は50代。中央の写真は５歳。完成したばかりの東京タワーが編み込まれたニットを着ている。左下は33歳のローマ旅行。「仕事の迷いが吹っ切れたせいか、この時期の写真から、服や表情に強さが出てきた気がする」

病気で体調が悪くても、仕事をすると忘れられた。体が元気になって働けることが、今とてもうれしい

写真でおしゃれの変遷を見ているかぎりでは、クリエイティブな仕事をこなす都会的な女性としてずっと輝き続けているように見える若山さんだが、実は長い間病気で通院生活を送り、その間には母と暮らし、介護も経験していた。

「治療で週四日も病院に通っていたの。薬の副作用で体がだるかったり、一時は数値がかなり悪かったりしたから、長生きできないのかなぁと思っていたけど、今は完治して、自分がいちばんびっくり。でも、介護で気持ちが沈んだり、自分の体調がすぐれないときも、仕事をすると不思議と忘れられたの。だから仕事には精神的にずいぶん救われていたのだと思う」

体が元気になると、苦手だと思っていたコーヒーが美味しくて大好きになり、50代から目覚めた着物のおしゃれを楽しもうと、マンションに和室をつくった。もちろん仕事は精力的にやっていくつもりで、若山さんは今、かつてないほど晴れやかな気分でこの先の人生を思い描いている。だからこそ「大人のおしゃれを模索中」なのだなと、腑に落ちる気がした。

我妻マリ

●ファッションモデル

どんなときも笑顔を心がけていれば、
本当に元気になるし、まわりの人も楽しくなる。
そのうえ姿勢と仕草がきれいな大人は
若い女性よりもずっと魅力的なはずよ

あづま・まり／宮城県生まれ。１９６８年にモデルとしてのキャリアをスタートさせ、広告や雑誌、オートクチュールのショーなどで世界的に活躍。またモデル業と併行して、ファッションショーのスタイリングやディレクション、プロデュース業でも多彩な才能を発揮する。２００９年より栃木県に移住し、自然に囲まれた暮らしと都会での仕事を両立させている。www.facebook.com/mariazuma8

現在の住まいは、四方を林に囲まれ、眼下には澄んだ川が流れる山荘。毎日二時間のウォーキングで鍛え上げた体で、「ケイカガミ」のブルゾンと、「＋J」のブーツカットジーンズをさっそうと着こなしてくれた。その顔立ちの美しさから神秘的なイメージを抱かれる我妻さんだが、実際に会うと、明るい笑顔とおしゃべりが楽しい、とびきりチャーミングな女性。そして周囲へのさりげない心配りに優しい人柄がにじみ出る、素敵な大人だ。

散歩にも、パーティーにも、大きめのストールを一枚。さりげないたたずまいを、見る人に印象づけて

「ここは山の中だから、夏でも夕方からは肌寒くなるの。だからいつも大きめのストールを一枚、持って出かけるくせがついていて」。そう言いながらふわりと布をまとった姿の優雅さに、思わずため息が出た。五十年近いモデル人生で、国内外の一流デザイナーたちと仕事しながら体得した、服を美しく見せる身のこなし方、繊細な仕草。それはけっして舞台の上だけでなく、どんな装いや状況でも生かされるものなのだということを、普段着の我妻マリさんを前にして実感する。

「たとえば高級なストールを手に入れたとして、『これは特別な日につけよう』なんて大事にしまっておいても、いざそのときに素敵につけこなすことなんてできないのね。自分も布もお互いよそよそしい感じがして、なじんでないな、というのが他人から見てもわかってしまう」。

だから、もったいないなんて考えずに、まずはそのストールを毎日巻くことから始めてみる。自然な巻き方の練習になるだけでなく、布が肌になじんでくるにつれて、体にそっと寄り添うような表情を醸し出すようになる。

「やわらかくて美しい布って、巻いている自分だけでなく、眺めている方も気分がいいもの。だから海外に行くときは、ちょっと華やかな大判のストールを一枚、スーツケースに入れていくの。あちらで急にパーテ

ィーに出席することになっても、そのストールをまとうだけでドレスアップした雰囲気になるし、『たたずまい』というのかしら、さりげなくエレガントな空気感が生まれる。大げさな装いでいるよりリラックスして見えるせいか、初めて会う人からも声をかけてもらいやすい。だから多少値が張っても、いいストールを一枚持っていると便利なの」。

ヨーロッパでは、子どものころから親にストールを手渡され、自分で巻き方を練習するから、みんな布のおしゃれが上手なのよ、とも教えてくれた。我妻さんは、アイルランド系アメリカ人の父と、日本人の母を持ち、宮城と東京で育ったが、20代からパリコレクションのステージに立ち続けたため、海外の、とくにフランス人のファッション感覚の話をたびたび引き合いに出しながらおしゃれを語ってくれるのが楽しい。

「フランスでは、女性は40歳でやっと大人として認めてもらえるの。包容力が出てきて、会話も面白くなり、いよいよ女として開花すると考えられているから。日本では男性が若い女性を好むからなのか、30代でもう自分をオバサンだと思っている人がいて、びっくりしちゃう」

では日本の女性はどうすれば、フランス女性や我妻さんのように素敵な大人を目指せるのだろう。一つには、いい意味で「他人の目を意識すること」がコツではないかと感じた。我妻さんの話を聞いていると、たびたび「人の目を楽しませる」「見ている人を気分よくさせる」という言葉が出てくる。それはモデルという職業柄より、つねに周囲への配慮をわきまえた、成熟した大人の心構えのように映る。

「やっぱり笑顔は大事ね。笑顔の人を見ていると楽しい気分になってくるし、逆に暗い人のそばにいると、

右ページ／「ASHA BY MDS」の刺し子のガウンとパンツに、益子の藍染めストールを合わせて。上／海外に行く際は必ず一枚スーツケースに詰めていく、ビジューつきの大判ストール。下／気軽な集まりに出かける日は、胸もとにコサージュをつけることも。「顔がパッと明るく見えるし、人からも『わぁ、きれい』ってほめてもらえる。一個持っていると便利よ」。ブラウンのコサージュはパリの蚤の市で出会ったもの。ヴィンテージでも素敵なものが見つかりやすいという。

なんとなく落ち込んできてしまうでしょう。人と人は響き合いながら生きていると、私は考えているの。だからときどき鏡に向かって笑顔の練習もするのよ。だって、自分を元気づけられるのは自分だけ。ちょっと体がだるいけれど出かけなくちゃいけないとき、気合いを入れてお化粧すると本当に元気が出るように、意識の部分って、とても大きいと思う」

意識を引き締めるために、定期的にジャケットを着る

自分の気持ちが、いつも穏やかでリラックスしていること。一方で、ついラクな方へと流れようとする体を甘やかさない努力をすること。そのために我妻さんがやっているのが、定期的なジャケットの着用と、日課である近所の山歩きだ。まるで童話の舞台のような、幻想的な木立の中の一軒家に暮らす我妻さんは、愛猫と一緒に毎日二時間、ちょっとハードな散歩に出かける。やや早歩きのペースを心がけると、ヒップアップ効果が高まるそうだ。

「こんな山奥だけれど、せめて月に一回くらいは、友だちとお茶に出かけるだけでも、かっちりしたジャケットを着るようにしているの。それだけで、気持ちがしゃきっと引き締まる。着物みたいなものね」

お気に入りのジャケットをハンガーにかけて撮影させてもらおうとすると、「ちょっと待って。ウールの服はこうするといいのよ」と言いながら、おもむろにジャケットの裾を逆さまに持って、バサッ！　バサ

ウールの大判ストールは、インド製のヴィンテージ。まるで布と体が一体化しているかのように自然なまとい方は、長年の地道な研究の賜物。「最初に布の両端をぐっと引っ張ってから体に巻きつけると、ずれにくいのよ」「片方の肩にだけ掛けると民族衣装風になるでしょ」など、巻き方のアイデアを次々に披露してくれた。スカートは「クリスティーナ ティ」。

我妻マリ

ッ！と煽ぐように振ってみせた。生地の毛羽が起きて、表情がいきいきするのだという。予想外のアクションに驚いたが、それは気心知れた仲間との心の通ったコミュニケーションのように見えた。

『ほら、出番だぞ』って服に気合いを入れる意味もあるの。海外のコレクションでは、ショーの前にこういうことをするデザイナーが多いのよ。見るからに新品のものや、かしこまった感じより、なじんだ風合いの方が粋だとされているから。久しぶりに着る服でも、当日ではなく数日前から部屋に出しておいて、『元気だった？なかなか着てあげられなくてごめんね』なんて声をかけておくと、袖を通したとき、すぐなじんでくれる」

人や動物や自然だけでなく、服や小物にもすべて命が宿っていると、我妻さんは信じている。だから買い物は、店に入った瞬間に自分を呼ぶ声が聞こえたものを連れて帰り、着用の機会が減ってきても、簡単には手放さない。ときどきクロゼットから出しては、その美しさをしばらく眺めたり、クリーニングを頼んだりしながら、数十年間をともにしている服がたくさんあるという。

『サンローラン』のオートクチュールだけで二十点くらい持っているかな。パンタロンにしてもレースのドレスにしても、今の生活で実際に着るシーンはなかなかないけれど、その時代時代の人たちが織った布であり、人間の手が入っているもので、当時はスターとして陽の光を浴びた存在。それを自分の目で見てきた身としては、各時代の勢いや作り手の心意気がまだ生地に残っているように感じて、流行と合わなくなったというだけで、さよならなんてできない」

歩き方や後ろ姿で輝きが増す、それが服を着る面白さ

世界のトップメゾンでのオートクチュールモデル経験が、我妻さんのおしゃれのベースになっている。ショーの仕事で求められるのは、デザイナーの美意識を歩き方や仕草で体現し、ブランドの顧客に「この服が欲しい」と強く思わせる能力。10代からモデルの世界に飛び込んだ我妻さんは、先輩モデルたちを見ながら、その動きとテクニックを必死で研究したという。

「それが上手にできなければ仕事が入ってこないのだから、シビアな世界。しかもオートクチュールモデルはショーの前に仮縫いを五回も行うから大変だけど、デザイナーによって服に込める哲学が違うのを、自分の体で感じられるのが面白くて。とくに海外のデザイナーは後ろ姿にこだわる人が多く、ショーでも、上顧客の前では一度止まり、回転して背中を見せるように指示されるの。自分が着て歩いた服にオーダーが入ると、それは仕事が評価されたという意味だから、とてもうれしかった」

自身のおしゃれにおいても、新しい服を買うときはもちろん、ストールやジャケットを身につけながら後ろ姿をしっかりチェックする意識が根づいている。

「たとえば、前から魅力的な人が歩いてきて、すれ違ったときにふっといい香りが漂い、振り向いて後ろ姿を見送ったら背中と歩き方まで美しかった……これが最高だと思うの。前は顔のインパクトやアクセサリーでなんとかできたとしても、背中ってごまかしがきかないから、その人のすべてが出てしまう」

私のおしゃれを支えるもの「香水」

数年前からのお気に入りは「ラルチザン パフューム」。たくさんの種類から選ぶのが楽しいそうだ。「暑い季節は柑橘系、寒い時季は少し甘めの癒される香りと、まず春夏用と秋冬用の二本を揃えるところからスタートするといいわよ」とアドバイスしてくれた。

私のおしゃれを支えるもの

「香水」

人に会うとき、朝目覚めてすぐ、夜ベッドに入る前にも、香水で気分を落ち着ける。現在の愛用品は六本で、季節やシーンに合わせて使い分けを楽しむ。

「香水って、つけ方を間違えると匂いがきつすぎて嫌味になってしまうけれど、まず空中に向かって二、三プッシュ吹きかけ、そのシャワーの中を自分が歩くと、香りをうっすらと一枚まとっているようにつけることができるの」

これを下着の状態で行うことで、服を着たときの香り方がさりげなくなる。服に直接吹きかけると、シミになったり、別の日に違う香りをつけたときに混ざってしまったりするから厳禁だという。

「下着に薄くつけただけではちょっと物足りないなと感じたら、スカートの裾の内側にひと吹きすると、香りが長持ちする。海外に行くときも、必ず香水を持っていくの。いつもの自分の香りに包まれているとリラックスできるし、リラックスすることって、実はすごく大事だと思っているから。だって、緊張して顔がこわばっている人より、落ち着いておだやかな雰囲気の人の方が、エレガントでしょう?」

我妻さんにとって香水は、ストールと並んで、自分らしいおしゃれに欠かせないもの。優雅に動く美しい布と、ほのかに漂う香りで、会った人に「あの人、素敵ね」という印象を持ってもらえたらいいと考えている。

「誰だって、いかにも疲れています、って顔の人を見るより、エレガントな人を見る方が、気分がいいわよね。まわりからいい気分で見てもらえたら、自分も楽しくなってくる。人の装いやオーラには、そういう連鎖がたしかにあると思う」

もちろん、首筋と背筋はすっと伸ばして。どんなときも、凛とした立ち姿に穏やかな笑みを絶やさない我妻さんを見ていると、女性の素敵さとは、姿勢と表情の美しさで決まるのだと教えられている気持ちになる。

40歳の壁を乗り越えたら、この先のおしゃれが楽しみになった

大好きなモデルの仕事をずっと続けていきたいと思っていた我妻さんに、40歳という年齢の壁が大きく立ちはだかった時期があった。

「その年齢までモデルをしている先輩が私の前にはいなくて、これほど好きな仕事ができなくなっちゃったら、この先どうすればいいんだろうって途方に暮れてしまったの。どれだけ気をつけていても年齢とともに変化する体型や、そのせいで服を着たときのバランスが以前のように決まらない感じに落ち込み、しばらくふさぎこんでいた。でも、そこで『もう年だから』ってあきらめた瞬間にズルズル老けていってしまうと感じて、まず今の体を受け入れようと決めたのね。顔の肉が下がってくるなら、いつも笑っていればいいとか、前より『ちゃんとしよう』って意識を高めることで、壁を乗り越えられた気がする。何をどう着るかの前に、メンタルの部分を大きく変えないことには、解決できなかったかな」

それからは、若いころは興味がわかなかった服にトライしたり、大人の仕草や魅力を研究したり、またおしゃれが楽しくなってきたと話す。現在のおしゃれ計画の一つにあるのが、これまでは手を出してこなかっ

体をなまけさせないために、定期的にかっちりしたジャケットを着るようにしている。右上／撮影前に逆さまに煽いで生地の毛羽を起こしたイタリア製のウールジャケット。左上／さりげないアシンメトリーが気に入って長年愛用している「トキオ クマガイ」。下／人見知りのポコと、わんぱくなトビー、二匹の猫と暮らしている我妻さん。木登りが得意なトビーとは、ウォーキングにも一緒に出かける。

「グッチ」の黒のパンツスーツとブラウスを着た我妻さんは、前、横、後ろ姿、どの角度から見てもスキのない立ち姿で、服のシルエットの美しさを最大限にアピールして見せてくれた。

我妻マリ

たシャネルジャケット。それを80代でエレガントに着こなす自分を目指しているという。

「スーツではなく、ジャケットだけでいい。一着持っていると、下にジーンズを合わせたって粋でしょう？ それと、大人は年齢とともに肌が敏感になってくるから、ニットもある程度いい素材で揃えておきたい。心地いい素材に触れていると、それだけで気持ちが穏やかになるし、肌もかゆくならない。この先もずっとおしゃれを楽しむためには、まず心身が健やかでなくてはね」

自然豊かな宮城県で過ごした幼少期、ハーフであることをめずらしがられて、いつも一人で遊んでいたという。その時間に、虫や植物たちとおしゃべりしながら豊かな感性を身につけ、鋭い五感を生かせるファッションモデルという天職に出会った。そのフィールドで過去に例のないほど長いキャリアを積み重ねる一方で、暮らす場所は、慣れ親しんだ都会生活に区切りをつけ、今は栃木県の澄んだ川を臨む森林の中にある。

「『不便だよ』とか『冬は寒いよ』とか、さんざん忠告されたけれど、大人になってからこういう場所に住むということを、どうしても一度やってみたかったのだと思う。それに服と出会うときと一緒で、この土地にも『呼ばれた』気がしたの。夜、月が出ると、部屋の電気をつけなくていいほど明るくて、美しい星空を眺めていたら、時間があっという間に過ぎる。近所にお友だちもたくさんできたし、田舎に越してきたのに、昔より忙しい気がしているくらい（笑）」

ひっそり、といったイメージとはかけはなれた、少女のような好奇心とエネルギーに満ちた我妻さんの毎日。その充実ぶりは、颯爽としたおしゃれと笑顔を見れば、一目瞭然だ。

右の写真は1970年代、20代の頃。「バーバリーのトレンチコートの着方はよく研究したから得意なのよ」。左上は、10代でのデビュー直後のヘアショーで。左下は20代後半のころの素顔。父親がアイルランド系のため、幼少期の髪は赤毛だった。

あとがき

十人への取材を終えて、私自身のおしゃれにも影響と変化があったようです。

具体的には、吉谷桂子さんや角野栄子さんのように、人前に出る日に明るい色の服を着てみたら、色を恐れなければ、逆に色のパワーを利用できるのだなと感じたり、ひびのこづえさんのように、服の可能性を広げるような自由な着方を手持ちのアイテムで試してみたくなったり。平松洋子さんや若山嘉代子さんが今も模索中であるという自分らしさのバランスへの意識、ウー・ウェンさんの要不要を取捨選択する覚悟のこと、横尾光子さんの好きなものにはずっとこだわりつづける姿勢についてなど、大人のリアルな実感として強く印象づけられた話がたくさんありました。なんとなく気分が浮かない日には、我妻マリさんの言葉を思い出して、背筋を伸ばして口角を上げてみようかと心がけたり、有元葉子さんや中島デコさんの、作り手や工程まで見据えたうえで着るものを選ぶという話にもハッとさせられ、買い物においての新しい視点が加わったように思います。

全員から共通して教えられたと感じるのは、大人のおしゃれに大切なのは、若いころのように肌の美しさやプロポーションの良さといった肉体的な側面への執着より、むしろ、ありのままの自分を知って受け入れ、その上で向上心を持つこと、また周囲を気遣える優しさや、思い通りにいかない現実を受けとめる寛容さやユーモア、スマートな社会性など、人間としての深みの部分なのだということでした。十人のおしゃれにはそれぞれの内面の魅力がにじみ出ていたし、人と服と人生が重なりあって自然に発光しているかのようなオーラがありました。

そうした姿からヒントや刺激をたくさんもらった次にできるのは、やっぱり自分と向き合って、いっぱい考えて、「いま何を着ればいいのか」という答えを自ら導き出していくことなのだと思います。おしゃれとは、それ自体が目的なのではなくて、何歳になっても前向きに生きていこうとする気持ちを支える役、いきいきとした内面を外側からサポートする役ではないかと思うからです。自分だけのセオリーを見つけることは簡単ではないけれど、でも、その過程もまた楽しいのよねと、十人の女性たちの心の声はそっとささやいていたような、そんな気もしています。

今回の取材に快くご協力くださった、平松洋子さん、吉谷桂子さん、ウー・ウェンさん、角野栄子さん、有元葉子さん、ひびのこづえさん、横尾光子さん、中島デコさん、若山嘉代子さん、我妻マリさんに篤くお礼を申し上げます。若山さんはブックデザイナーとしても書籍化の企画段階から支えてくださいました。

連載から引き続いて素敵な写真を撮ってくれた安彦幸枝さん、筑摩書房の大山悦子さん、この本の実現を後押ししてくださったみなさまに感謝の気持ちでいっぱいです。ありがとうございました。

二〇一五年 九月

小川奈緒

本書は『& Premium』(マガジンハウス発行)二〇一四年一月号〜七月号に掲載された「憧れの先輩、おしゃれ履歴書」の取材をもとに、全編にわたって再取材を行い、単行本用に書き下ろしたものです。

小川奈緒(おがわ・なお)
1972年、東京都生まれ。早稲田大学第一文学部文芸専修卒業。出版社のファッション誌編集部を経て2001年に独立、フリーの編集者として多くのモード誌やファッションブランドカタログの制作に携わる。2010年、初のエッセイ集『Table Talk』を自主レーベル「FOXTROT」より出版。以降『家がおしえてくれること』(メディアファクトリー、2013年)、『sketch』(FOXTROT、2014年)と著作を発表するほか、編集者としても『Cinema Table』(アスペクト、2008年)、『これからの暮らし方』(エクスナレッジ、2013年)など書籍の編集と執筆を手がけている。2012年にホームページ「Table Talk」を開設して以来、日々綴っているブログにも熱心なファンが多い。
www.tabletalk.cc/

おしゃれと人生《じんせい》。

2015年12月10日　初版第1刷発行

著者　小川奈緒
発行者　山野浩一
発行所　株式会社筑摩書房
東京都台東区蔵前2-5-3　〒111-8755
振替　00160-8-4123
印刷・製本　凸版印刷株式会社

乱丁・落丁本はお手数ですが左記にご送付ください。送料小社負担でお取り替えいたします。
ご注文・お問い合わせも左記にお願いします。
さいたま市北区櫛引町2-604　〒331-8507
筑摩書房サービスセンター　電話048-651-0053

ISBN978-4-480-87888-5 C0095